KB039767

천년 그리움으로 떠 있는 섬

한글특선 글벗마당 ① 「현대시학」 시인편

천년
그리움으로 떠 있는
섬

―――――

김봉군
박영교
박종구
김지원

도서출판 한글

머리말

도서출판 「한글」에서 한글특선 글벗마당을 기획하고 원고 청탁을 해옴에 따라 우리 동인은 쾌히 승낙하고 첫 번째 4인 합동시집을 상재하기로 했다.

우리 네 사람이 함께 시집을 내게 된 것은 장르가 같고 신앙적 배경이 같기도 하지만 「현대시학」 출신이라는 공통분모 때문이기도 하다.

작가 본인의 대표 시 외에 산문 3편씩을 첨가한 것은 시만 싣는 단조로움을 피하고 읽는 재미를 더하고자 한 것이다.

시집 제목은 김봉군 시인의 시 「섬」에서 한 소절을 따서 정하였다.

아무쪼록 독서를 잃어가고 있는 시대에 책 읽는 즐거움이 회복되기를 기도드린다.

2019. 7.

김봉군 박영교 박종구 김지원

차 례

김봉군

호 : 우석(隅石)
경남 남해 출생
진주고등학교·서울대학교(국어과·법학과) 거쳐 대학원을 마침. 문학박사
『새시대문학』('71), 『현대시학』('83), 『시조생활』('90)로 등단
시인·문학평론가. 서울대·서울신학대 강사. 미국 University of Southern
california· 캐나다 Trinity Western University 객원교수 역임
한국문학비평가협회·한국크리스천문학가협회·한국독서학회 회장 역임
저서에 『문장기술론』, 『한국현대작가론』, 『다매체시대문학의 지평 열기』,
『문학 작품 속의 인간상 읽기』, 『현대문학의 쟁점 과제와 문학 교육』,
『한국 소설의 기독교 의식 연구』, 『기독교문학 이야기』 등 20여 권
한국문인협회 자문위원· 국제PEN 한국본부 권익위원
(사)세계전통시인협회 한국본부 이사장
한국크리스천문학상, PEN문학상 수상
현재 : 가톨릭대학교 명예교수

창 외

창은 늘 창가에 앉아 있다
풀꽃에서 우주까지 가득 찬
생명의 비밀에 기대어
죽음 저 너머 아드막한
별들 소식에
귀를 기울인다

지금은
황사와 미세 먼지에 아물거리는
아스라한 지평선 저쪽에서
삭이고 삭인 그리움들이
종종쳐 오고
왕양汪洋의 바다가 깃을 치는 오후
희디흰 모래톱을 걸어가는
느린 시간의 그림자
아슴히 사위워 갈 때도
창은 늘 창가에 앉아 있다

무지개조차 가뭇없이

사랑은 내내 가물고
광야에 노랫소리 한 자락
들릴 길 없는 흑암의 밤을 지켜
창은 늘 창가에 앉아 있다

보라 저
사래져 흘러간
유유장강悠悠長江의 기나긴 흔적
우람한 호령인 양 뻗어 내린
산맥들은 아직도 깃을 친다

깨어나라
무지갯빛 황야의 노래여
가물었던 우리의 여문 사랑이여
광야에는
비 소식을 데리고 오는
어리디어린 바람 소리
갓 깨어난 싱싱한 아침
마침내 창은 창가에 앉는다

고향

고향은 고향에 가본 적이 없다
사전 속에 주검이 된 고향
신랏적 말들을 불러 하나씩 안장에 앉히고
돌아가자 돌아가자 채찍질을 한다
말들은 신랏적 울음 아득히 울고
해넘이 언덕 너머 고향으로 간 말들은
다시 사전의 말들로 돌아온다
본디 고향 가는 길의 사랑 다리
놓다가 팔이 시어버린 사람들
다리는 늘 무너지고
신랏적 고향도 무너지고
우리는 무지개보다 선명한
사다리에 신 손으로 못질을 한다
허방다리에 빠진 숫된 모국어들
사다리 나라에 연실을 푼다
고향은 고향이 아니다
사전은 더욱 아닌
우리는 모두 고향을 향한다
밤도 늘 깨어 있다

길갈의 빛

어둠이 걸어와 마지막 창가에 설 때
길갈의 빛은 세상을 채우고
심령이 가난한 형제들은
주저앉은 울음소리를 다독인다
깨어난 아우성들이 푸른 깃발 흔들어
작은 새들도 황금빛 말씀 알갱이들을 줍고
백마 탄 그리움이 벌판을 가른다

하늘 눈물로 씻은 손길들이 모여
불멸의 현금絃琴을 연주하는 시간
아픈 바람살을 헤쳐온 웃음들의 은은銀銀
시계가 아직은 팔을 젓는 무한량의 우주
잠들지 않은 말씀의 숲 속에 길이 난다
길갈의 빛은 우주에 찼고
말씀 씨앗 움트는 소리
기지개를 켠다
동쪽으로 걸어간 밤이 돌아다보는
아침은 늘 지금이다

* 길갈: 사무엘 상 11:14~15

시간에 관한 묵상

남대문 사막시계방에 들른
나의 손목시계는
한 톨 금속성 밥을 먹고
빈 시간을 돌리고 있다

아픔을 되질하는 나의 이력서에
천진한 어린 시간은
증언인 양 늘 찾아오고
나는 침묵으로
오랜 참회를 유예한다

은 서른 닢에 영원을 팔아넘긴
내 청년의
어둠 속 그 동산의 횃불덩이 아래
혼자서 울던 시간들은
늘 사막시계에 가위눌리고

그날 새파랗게 질린

하늘 소리에 귀를 여는
나의 영혼은 아드막한 지평선 위에

두 팔 벌린 한 개 나무로
여위어 선다

지금은 오직 묵상할 시간
힉스에서 별까지
나의 시계는 묵중한 보행에서 깨어난다
유예된 참회도 깨어나는 시간
희붐한 새벽은 이제 아득히 걸어온다

쿼크에서 우주까지

우리가 사랑할 수 있는 시간은 너무 짧다고
생텍쥐페리가 처음 말하였을 때
대지에 엎드렸던 나의 영혼은
어느새 새가 되어 날고 있었다
눈을 감았을 때 더욱 맑게 빛나는
작고 청순한 별이 되는 우주를 키우고
끊어진 탯줄을 이으며 우리는
동산을 거닐고 있었다
누구던가
아, 태초의 주인이 있어
저 별과 대지의 꽃과
눈물 어린 어머니의 노래를
머금고 지금
깃발은 저리 나부끼고 있는가

섬

섬에
다리 놓지 말라
천년 그리움을 지우지 말라

섬은
그냥
솔잎 몇 키운
흙덩이 바윗덩이가 아니다

섬은
섬으로 있도록 하라

모래들의 천연 은빛을 죽인
콘크리트의 그 다리들로는
그와 나의 거리가
지워지는 게 아니다

천년 그리움으로 떠 있는
아름다운
섬

배리背理

〈배고픔에 관하여〉
샤먼 업트 러셀의 아픔이 도사린다
—너희 언제 허기에 울어 본 적 있느냐
과잉 번영된 도회 거리
푸드 트럭 곁에서
—절룩이는 허기 떼를 보는가
몸의 허기
마음의 허기
사랑의 허기에
존재의 허기는 외려 사치다
욕망의 매연은 도회를 메우고
미세 먼지 가득 찬 지상
폐활량을 걱정하는
생령들의 허기
〈세계가 만일 백 명의 마을이라면〉
영양 실조 20
1명은 기아에 허덕이는 날
15명은 비만이다

무심한 64명이 사는 땅에서
—너희는 이웃을 네 몸같이 사랑하라
메아리는
콘크리트 벽에서 분쇄된다

깨어난 새벽의 뒤척임은
어디쯤서 들려올 것인가

피라미드 앞에서

육중한 주검들
엉겨 붙었다
폭풍도 할퀼 수 없었다
묵중히 엉겨 붙은 거대한 절망
피울음이 돌덩이 되었다

코카서스 해안 돌덩이에 묶여
프로메테우스의 간을 쪼아 먹던
독수리들
파라오 되어
나일강 물길을 돌려놓고
시커먼 욕망들을 쌓아 올렸다

가난한 생령들을 채찍으로 끌어 모아
그들의 숨길 위에 맷돌질하며
불멸의 현인신現人神이기를
바라

피와 숨결들로 엉켜 쌓은
허막한 불멸不滅
뭇 생령들의
저 묵중한
절망

수천 년 피울음의 생령들이
별꽃 되어 흐르는
나일강의 긴 침묵은
어찌된 영원인가

붕정만리
내 조국 북녘에도
강은 흐르는가

* 카이로 피라미드뷰 호텔에서

당신

우리네 살림집이
삼백예순 날
꽃집일 수 있다면
어느 누군들
웃음 띤 얼굴
향기 풍기는 사람 내음으로
당신을 기다리지 않으리

우리네 뛰는 가슴이
물보라 피어나는 강기슭을
마냥 노 저을 수 있다면
어느 누군들
약동의 발걸음으로
당신을 맞이하지 않으리

우리네 마음결에 파문 지는
당신의 노래에
깊은 잠은 깨어나고

먼 산맥을 넘어오는
나팔 소리의 장엄

우리네 살림집이
작은 풀씨 하나에도
촛불 하나 뜨겁게 켤 수 있다면
어느 누군들
산맥을 주름잡고 넘어온 당신의 나팔 소리에
왁자한 해바라기 밭으로
일어서지 않으리

어찌 대지에 넘치는
이글거리는 눈길로
당신을 맞이하지 않으리

연鳶

황량한 벌판을 가로질러
겨울 달음질쳐 오는
소리

해와 달 사이 그만큼
시간의 숨결은
가빠만
오고

후려치는 기억의 휘추리에
회상回想의 그리운 언덕
하나
눈밭 너머로
보인다

중력重力을 거부하는
순백純白의 꿈
해와 달 사이

그대는
아슴한 그대는
누구인가

다시 4·19에

4월
바람 푸른 오후엔
화원花園에 들러 나온다

그해 4월 어느 오후에
화원에 들렀을 때
파르비아나 실라
스페인 소녀의 손짓 같은 꽃술

우린
아득한 그리움에 젖었었지

우리의 청년은 가고
달밤의 내 고향 바다
목선木船 미끄러지듯
아렴풋한 그 형상들은 스러져 가고
4·19의 그
격렬한 그 함성들도 실려서 가고

아아, 중근 형은 4월 그날
피 뿜으며 갔는데
천상天上의 꽃은 지금
파르비아나 실라
보랏빛 투피스의 처녀가 되는 오후
아지랑이 아지랑이 지는
역사의 바다 저기 저 푸른 너울을 헤쳐
목선을 탄 중근 형의
흰 머리칼이
살아서 온다

다시 4·19에
파르비아나 실라
그리운 소녀와
달밤의 목선을 타고
역사의 바다 저편

※ 중근 형:1960년 4·19 혁명 때 경무대(지금의 청와대) 앞 시위 도중에 숨
   진 대학 같은 과 선배 이름.

말씀

말씀은
아오지 탄갱에도 있다
히로시마의 기억들을 아프게 되살리는
말씀은
승리와 죽음의 워털루에서 바람이 된
불멸의 왕래
피를 겨냥하는 유황도의 불길
비아프라 깡통 조각의 슬픈 되울림
1950 내지 1970
'벤허'의 푸른 눈이다
'십계'의 우람한 암괴가 갈라지는 소리다

산에서 벌판에서 바다에서 마을에서 만나는
말씀은
실향의 피로 지어 입은 누비옷,
누비옷도 피에 절인 말씀의
형장刑場

아아, 누구의 집례로 흥성이는

욕정의 거리,
소돔과 고모라의 발치에 누운
대연각 호텔
612호, 676호, 1592호, 1636호
오오, 백기白旗의 남한산南漢山
1910 방성대곡의
칼날이 서는 말씀은
푸른 솔가지 어우러진
봉화 삼천리
겟세마네 동산의
피어린 밤 동산의
불이 탄다

* 숫자들은 호텔의 방 번호와 우리 주요 역사 연대의 중의(重義). 대연각 호
  텔 화재가 있기 5개월 전에 썼음.

마구간 교회

강원도 횡성 땅
치악산 그늘 사려 있는 곳
낮고 다감한 산모롱잇길 돌아

동산 작은 언덕에
마구간을 치워 억새 지붕 얹고
교회당이 서 있다

통나무 막대기
나무 십자가 아래
감자 캐다 나온
두 손이 있다

열두 명이서 두 손을 모아 기도하는
마구간 교회
별이 찬란한
서기 2천 년의
가난한 멧기슭에

내 친구
김 목사의
통나무 십자가

푸른 바람이 불어 가고
은은한 찬송 소리
하늘에 가 닿는다

눈물로 발을 적신

세상에는 비 한 방울
내리지 않고
한 모금의 사랑이 아쉬운
이 빌딩 숲 거리에서

눈물로 그분의 발을 적신
한 히브리 여인을 만난다

나와 여인이 하나인 것은
사랑 때문만은 아니다
잘못한 이들에게 더 잘못하고
그들의 눈에 든 티끌만 본

우리들의 잘못 때문이다

시詩와 사랑

시는
말이 적게
사랑도
말이 적게

삶이 욕되어
하늘 못 볼 시간에도

시는
말이 적어
늘 살아남지는 못하는
시는

때로
노래보다 낫게
살아남는다

인생의 낭비

　명작 『빠삐용』의 주인공은 그가 무죄임을 캄캄한 독방의 환상 속에서 부르짖었다. 그러나 판관은 말하였다. "너는 인생을 낭비하였으므로 유죄이다." 빠삐용(파피용)이란 자유를 향한 인간의 부단한 집념을 상징하는 이름이지마는, 인생을 낭비한 그의 죄목을 시인하고야 마는 이 장면이 특히 우리의 가슴을 친다.

　세상의 선善은 침묵의 진리와 그 기쁨을 체득한 희귀한 소수의 힘으로 이루어진다. 반면에 세상의 악은 아침부터 저녁까지 부질없이 바쁘기만 한 다수에 의하여 저질러진다. 그들은 물러갈 때와 나아갈 때를 알지 못하므로 욕망의 폭풍 앞에 끊임없이 부대끼게 마련이다. 명성이라는 것, 출세라는 것, 그들을 향하여 외쳐대는 군중의 환호와 갈채라는 것, 그런 격랑 속에 침몰해 가는 동안 그들은 그들에게 한 번밖에 주어지지 않은 이 현존現存의 일대를 하루에 단 10분도 뒤집어 생각해 볼 줄을 모르기 십상이다. 지혜로운 우리의 어버이들은 '부질없이 사흘을 날뛸 바엔 차라리 이틀 생각하여 하루 일하라.'고 가르치지 않았던가.

　20세기의 석학 에리히 프롬도, 엘빈 토플러도 우리에게 충고를 보낸다. 시간과 공간을 놀랍도록 축소시키기에 성공한 이 세대 사람들은 어찌하여 자기의 사랑하는 자녀를 돌보기 위하여 하루에 단 한 시간도 마련하지 못하고 있는 가? 우리가 입는 옷, 신는 신발이 해져 못 입고 못 신게 되어서 새것으로 갈아 치워야 하는가? 아니면 새로운 디자인에 현혹되어서, 유행을 부채질하는 광고의 마력에 걸려서 새것으로 바꾸어야 하는가? 북아프리카, 방글라데시에서는 매일같이 수만 명씩 굶어 목숨을 잃는데, 우리는 어찌하여 음식 투정을 하고, 모양과 색채만 바꾼 온갖 빙과류에 이끌려 다니기에 여념이 없는 것일까?

생각해 보자. 세상 사람들이 바라는 성공이라는 것이 만약 돈과 명성과 권력이라면, 역사가 보여주는 바, 그들이 쟁취한 성공이란 반드시 인생의 보람찬 행복에 갈음되는 것인가? 그들은 그들이 바라는 성공을 위하여 사람에게 있어야 할, 가장 소중한 양심이라는 귀한 것을 희생하였으므로, 필경에는 인생을 심하게 낭비한 것은 아닌가?

행복이란, 성공이란 하룻밤 사이에 사람을 깜짝 놀라게 만드는 어마어마한 사건만일 수가 없다. 오히려 참된 성공과 행복이란 평범한 삶의 길섶에 흩어져 있는 자그마한 기쁨을 발견하고 그것을 소중히 길러갈 만큼 겸허한 이에게 내려지는 창조주의 선물이며, 우리가 굉장한 기대를 품고 흥분한 채 지나쳐 버리기 쉬운, 진실로 소중한 것들이라 하겠다.

샛별 눈과 비둘기 가슴의 우리 어린 자녀들이 아파트 평수에 따라 친구 사귀기를 선별한다. 우리의 사랑하는 청소년들이 제가 참으로 하고 싶은 일에 일생을 걸 수 있는 학과를 밀쳐 둔 채 돈과 권력과 명성과 육신의 안일, 미스 코리아나 멋진 사나이와 결혼하기 위한 수단으로 대학을 진학하고 학과를 선택한다. 인생을 수단으로 써버리는 대열에 뛰어들기를 서슴지 않도록 하는, 이런 인생의 낭비를 우리는 지금 부추기고 혹은 방관하며 살고 있다.

이런 낭비에 찬 인생의 길에서 산다는 것은 한갓 투쟁일 수밖에 없을 것이다. 인생을 투쟁으로 볼 때, 사랑해야 마땅한 옆자리의 친구가 경쟁의 상대가 되고 마는 것이 아닌가?

눈부신 말일지 모르나, 복된 인생이란 어차피 봉사의 행로일 따름이다. 거울을 닦듯이 남을 닦아 주면 거기에 비치는 건 매무새를 가다듬은 자기의 얼굴이다. 남이 가는 길을 쓸어주고, 발부리에 부딪칠까 돌멩이 하나라도 치워 주는 것은 힘들이지 않고 기쁨을 얻는 소중한 보람이다. 남이 비 맞을 때 함께 쓰고 가는 우산 위로는 축복의 비가 내린다. '남이 병들었으면 같이 아파하고, 남이 울면 같이 울어 주고 싶다. 10리까지는 동행을 못 하여도 5리까지는 동행하고 싶다. 속옷까지는 못하여도 겉옷은 벗어주고 싶다.' 이런 소원으로 우리 다 함께 살아갔으면 좋겠다.

인생이란 사람과 사람끼리 서로 가엾어하고 위해 주며 살아가는 것이 아닌가? 그런데도 우리는 이런 상식에 속하는 이야기를 이처럼 심각하게 글로 쓰고 있는 것이다.

지금 이 글을 쓰자니, 소박하고 작은 꿈을 안고 살다가 일찍이 스러져 간 어느 친구 생각이 난다. 그러러 노래라도 부르라면, 늘 그의 십팔 번 '비둘기처럼 다정한 사람들이라면'으로 시작되는 고운 노래를 했다. 그는 다정한 사람들을 그리워했다. 그러나 직장이 그를 다정하게 대하질 않았다. 식구들보다 더 많은 시간을 함께 보내는 직장의 동료들이 서로 아귀 다투고 노려보았다. 그가 간 것은 육신의 병 때문이라고 의사는 진단했으나, 내가 보기에 그는 '비둘기처럼 다정한 사람들'이 그리워 병들고 시들어 간 것이다.

인생이란 경쟁인가? 옆자리의 동료가 경쟁의 상대자인가? 만약 그렇다면 참 멋없는 것이야말로 인생이 아닌가? 언젠가 내가 신문과 방송을 아주 멀리하고 살았더니, 동료들은 세상일이 궁금해서 어떻게 사느냐고 했다. 대학의 수준을 커트라인만 보아 순위를 매기고, 남의 불행이나 들추며 싸움이나 붙여서 불난 집에 부채질하는 신문이라면 아니 보는 것만 못하다고 나는 답한 적이 있다. 그러던 내가 요사이 다시 신문이라는 것을 보고 방송마저 시청하게 되었으니, 돈과 시간 곧 인생을 나 또한 낭비하고 있음이여.

삐삐용의 만년은 짧았다. 죽음의 섬을 탈출한 뒤 그의 생애는 길지 않았다. 그러나 그의 마지막 삶은 낭비된 인생이 아니었기를 나는 바란다. 삶의 시간은 물리적 시간이 아닌 체험의 시간이다. 수유를 천년같이 농도 짙게 누릴 수 있는 삶이 그립다.

사람이 그립다. 따뜻한 목소리, 온유한 눈길이 그립다.

안톤 체호프의 『비애』

굶주림은 인간을 슬프게, 불행하게 한다. 그러나 굶주림 못지않게, 아니 그보다 더 슬프고 불행하게 하는 것은 고독이다.

인간 실존의 속성은 고독이다. 그 고독은 관계의 단절에서 오고, 절대적인 고독은 절대 진리와의 수직적 단절에서 빚어진다.

이 중 수평적 단절로 인한 고독의 문제를 매우 적절한 인물 및 상황 설정과 개성 있는 문체로써 묘파하여 성공한 작품으로 러시아의 단편 『비애(The Lament)』가 있다. 단편 소설의 전범典範을 보인 작가로 정평이 난 안톤 파블로비치 체호프(Anton Pavlovich Chekhob, 1840~1904)의 작품이다.

작품의 발단은 장면 묘사로 시작된다. 눈 내리는 페테르부르크 거리에 등장하는 건 '도깨비 같은' 늙은 마부 이오나 포타포프다. 그의 말은 도회의 휘황한 불빛 속에서 하얗게 눈에 덮인 채 미동도 아니 한다.

그때 멋진 외투에 후드를 쓴 장교 한 사람이 마차를 부른다. 행인들과 자가용 마차를 모는 사람의 온갖 욕지거리를 들어가며 이오나는 장교가 지시하는 방향으로 마차를 몬다. 이오나는 마침내 장교를 쳐다보며 벼르고 벼르며 이야기를 하소연하듯이 꺼낸다.

"나으리, 내 아들이 이번 주에 죽었습니다요."

"으음, 그래 어떻게 죽었소?"

이오나는 손님을 향해 온몸을 돌리고 말을 잇는다.

"그야 누가 알겠습니까? 구열이라고 하더구만, 사흘 입원했다가 그만 죽고 말았습니다요……. 하나님의 뜻이겠지요."

이렇게 막 말머리를 꺼내려는데 욕설이 들리고, 이야기는 끊기고 만다.

"말을 돌려, 이 녀석아!"

어둠 속에서 이런 말이 들린다.

"어디로 덤벼들어, 이 늙은 놈아, 엉? 눈 똑바로 뜨고 다녀."

"가시오, 가!"

장교가 말한다.

"그러지 않으면 내일까지도 도착 못 하겠소. 좀더 서둘러 갑시다."

마부는 다시 목을 빼고 몸을 일으켜 세워 똑바로 앉고는 마지못해 하는 듯 채찍을 휘두른다. 마부는 여러 번 손님을 향해 몸을 틀어 바라보지만, 손님은 눈을 감고 있다. 얘기를 듣고 싶지 않은 것이 분명하다.

마부 이오나는 끝내 이야기를 마저 할 수가 없었다. 두 번째 손님은 세 사람이다. 꼽추와 다른 두 사람이다. 세 사람은 마차가 형편없다고 투정을 부리며 욕지거리에 낄낄거리며 야단스럽다. 이오나는 그들을 뒤돌아보고 잠시 침묵을 지키다가 다시 몸을 돌려 중얼거리기 시작했다.

"우리 아들놈이… 이번 주에 죽었습니다요."

"우리는 모두 죽게 마련이오."

한 차례 기침을 하더니 꼽추가 입술을 닦아내며 한숨 쉬듯 말한다.

"자, 어서 갑시다. 어서요, 영감. 이런 속도로는 이상 더 못 가겠소. 도대체 언제 데려다줄 거요?"

"글세, 자네 저 영감 목을 좀 찔러 보지 그러나?"

"이 늙은이야, 내 말 들리나? 내 영감 목에 힘이 나게 해 주지. 당신 같은 사람 점잖게 대해 주느니 차라리 걷는 게 낫지. 내 말 들려, 이 능구렁이 같은 영감아! 침이라도 뱉어 줄까?"

이리하여 마부 이오나의 이야기는 중단되고 만다. 마차에서 내린 세 손님이 사라져 가자 이오나는 혼자가 되어 적막에 휩싸인다. 길 가는 사람 가운데서 자기의 이야기를 들어 줄 사람이 있을까 하고 초조히 눈길을 보내지만, 아무도 이야기를 들어줄 것 같지가 않다. 가슴이 터져 온 세상 넘치도록 흘러나올 것만 같은 슬픔을 아무도 알아주지 않는다. 그래도 기대를 버리지 않은 이오나는 마포 부대를 들고 서 있는 짐꾼을 보고 말을 걸어보나, 역시 부질없는 짓인 줄 알고 마구간으로 간다. 마구간 옆 마룻바닥에, 긴 의자 위에 사람들이 코를 골며 자고 있다. 한편 구석에서 졸린 눈을 비비고 투덜거리는 어린 마부에게 말을 건네어 본다.

"……여보게, 내 아들이 죽은 것을 알고 있나? 듣고 있나? 이번 주 병원에서……. 얘기가 길다네."

이오나는 자기 말을 들어 주는 사람이 있는가를 살핀다. 그러나 아무도 들어 주는 사람은 없다. 그는 누구에게도 아들의 죽음에 관해 제대로 얘기할 수 없었다. 그 이야기는 천천히 그리고 주의 깊게 해야 할 것이다. 어떻게 아들이 병들게 되었는지, 아들이 어떻게 고통스러워했는지, 죽기 전에 어떤 말을 했는지, 어떻게 죽어 갔는지를 천천히, 그리고 주의깊게 말해 주어야 한다. ……듣는 사람은 함께 탄식하고 슬퍼해 주겠지? 물론 여자들에게 이야기해 주는 편이 낫겠지. 여자들은 어리석기는 해도 단 두 마디에 울음을 터뜨릴 수도 있으니까.

이오나의 이러한 소망은 이루어지지 않는다. 온 세상 어디에도 자기의 슬픈 이야기를 들어 줄 '가슴'은 찾아볼 수가 없었던 것이다. 마침내 이오나가 마지막으로 찾아갈 데는 자기의 말이 있는 곳뿐이다.

"……그래, 나는 이제 너무 늙었어. 아들 녀석이라면 말을 아주 잘 몰 수 있겠지. 나는 이제 틀렸어. 그 녀석 일류 마부였는데, 그 녀석만 살아 있다면……."

이오나는 잠시 입을 다물고 있다가 계속 말을 잇는다.

"그게 지금 형편이란다. 내 말아, 쿠즈마 이오니치는 이제 이 세상에 없단다. 우리를 이 세상에 남겨 놓고 훌쩍 가버렸지. 가령 너도 망아지를 낳아 망아지 어미였는데, 그런데 말이지 갑자기 너보다 먼저 가버린 거라고 해봐, 슬픈 일이지, 그렇지 않니?"

말은 먹이를 씹으며 귀를 기울이다 제 주인의 손등에 입김을 내뿜는다.

이오나는 가슴속 슬픔을 억누를 수가 없다. 그는 자기의 작은 말에게 모든 이야기를 들려주기 시작한다.

이 작품이 우리에게 전해 주는 메시지는 무엇인가? 그것은 인간끼리의 참된 관계의 단절과 그로 인해 고독하기 그지없는 인간 실존의 한없는 비애다.

늙은 마부 이오나는 말을 하고 싶어 한다. 사랑하는 아들이 어떻게 죽어갔으며, 자기의 슬픔이 어느 정도인가를 누군가에게 들려주고 싶어 견딜 수가 없어 한다. 그러나 이 세상에 그의 슬픈 이야기를 들어 줄 사람은 아무도 없는 걸 깨닫고 그는 자기 말에게 감추어 둔 슬픔을 토로하기 시작한다는 것이 이 작품의 줄거리다.

현대인은 모래알이다. 무인도와 같이 고독한 존재다. 그래서 '군중 속의 고독'이라는 역설이 현대시의 제목으로 등장한 지는 오래다. 모래알끼리 아무리 비비고 부대껴도 모래알은 끝내 모래알의 무연관성에로 환원되고 만다. 그것이 서로 연관을 맺어 한 장의 벽돌이라도 되려면, 시멘트와 물이라는 매개물이 있어야 한다. 무인도가 생명의 섬으로 바뀌려면, 육지와 무인도를 연결하는 도선이 생겨나야 한다. 이 매개물, 매개체 역할을 하는 것을 인간 관계에서 찾으면, 그것은 교감交感, 동정同情, 감정이입感情移入 등 정감적 요소와 말이다. 그런데 현대인에게는 참다운 말이 없다. 말은 말인데, 현대인의 말은 '만남'의 말이 아닌 '분리', '분열'의 말이므로 참다운 의미의 말이 아니다.

요즈음 사람들은 다른 사람의 말을 들으려 아니 한다. 말하기 방식으로는 최악의 상태에 이르렀다. 모두가 다 자기 말만 하고 끝낸다. 남의 말은 들으려 아니 한다. 그래서 현대인은 대화가 없는 시대에 살고 있다. 대화가 없는 곳에 참다운 인간관계 곧 '만남'이라는 것이 이루어질 리가 없다.

안톤 체호프의 '비애'가 보여주는 '대화'의 파탄은 현대인이 경험하는 처절한 단독자의 모습이다. '농경 사회'라는 공동체가 붕괴되고, 아무런 연관도 이별도 체험하지 못하는 도회인. 이들의 눈빛이며 삶의 표정에서 타인에 대한 진심 어린 동정과 사랑을 읽는다는 것은 심히 어려운 상태에 이르렀다.

뉴스 기자에게 한 고아의 죽음과 교통 사고는 한갓 취재 거리의 대상에 지나지 않는다. 그 아이의, 아득한 시간 저 너머의 아픈 이별과 그리움, 굶주림의 체험과 고독한 잠자리의 그 하고한 몸부림을 그는 아랑곳할 필요가 없는 것이다. 그러기에 한 사람 또는 몇 사람의 절대적인 죽음은 그냥 '사망'이고, 수십 명이나 수백 명이 죽으면 대서특필되는 '참사'인 것이 그의 상식일 뿐이다.

우리 주변에는 많은 이오나가 있고, 그의 슬픔에 아랑곳하지 않는, 그의 하소연에 귀 기울이지 않는 냉혹한 가슴들이 있다. 그리고 또한 우리는 모두 슬픈 이오나들이다.

독서

독서는 추수와 같다.

추수가 농부에게 육신의 양식과 값진 보람을 안겨 주듯이, 독서는 글을 아는 사람에게 정신의 양식과 기쁨을 준다. 그러기에 수확의 철, 독서의 계절로 불리는 가을은 사람의 영육을 함께 실히 살찌우는 축복의 시간이다. 가을에 독서의 주간을 정하고 사람들에게 책 읽기를 각별히 권하는 것은 그러기에 참으로 뜻 깊은 일이다.

독서는 우리로 하여금 위대한 인격과 만날 수 있게 한다.

외과 의사 장기려 박사의 전기에서 가난한 환자들을 위하여 무소유의 일생을 바친 거룩한 인술의 사표를 만난다. 람바레네의 성자 슈바이처의 『나의 생활과 사상에서』를 읽으면서 한 마리 모기의 생명까지 경외한 놀라운 한 인격과 만나게 된다. 모해와 고문으로 피폐해진 몸을 이끌고 백의종군하면서도 하늘과 사람을 원망치 아니하고 나라 사랑에 목숨을 바친 충무공 이순신의 높은 인격을 대면할 수 있는 것도 한 권의 책 『난중일기』에서다. 심훈의 『상록수』를 읽고 주인공 채영신과 박동혁을 흠모하여 농촌 운동에 몸을

던진 청년들은 그 얼마이던가. 나관중의 『삼국지』를 밤새
워 읽으며, 유비, 관우, 장비, 제갈량의 덕과 우애와 용기
와 지혜를 흠모하여 그 몇 번이나 찬탄하였던 톨스토이의
『인생론』에는 이런 대목이 있다. 나그네가 산길을 가다가
맹수를 만나 물 마른 웅덩이 속으로 피하려 했다. 웅덩이
속에는 독사가 입을 벌리고 위협하여, 하는 수없이 웅덩이
옆으로 뻗어 나온 나뭇가지에 매달렸다. 그때 마침 검은
쥐와 흰쥐가 나타나 나뭇가지를 갉아먹기 시작했다. 톨스
토이는 이것이 곧 인생이라 한다.

스위스의 법학자요 철인인 칼 힐티의 『행복론』은 읽는
이로 하여금 무한한 마음의 풍요와 지적 충족감을 부여안
도록 만든다. 아이들이 다칠까 염려하여 깨어진 유리 조각
을 줍는 페스탈로치의 『은자의 황혼』을 읽을 때, 자라나는
생명을 가르치며 보살피는 교육이야말로 얼마나 큰 보람인
가를 체득한다.

아버지 리어왕은 세상에서 자기를 제일 사랑한다던 두
딸이 남편과 함께 모반함으로써 파멸한다. 리어왕을 구출
하러 달려온 건, 약혼자를 더 사랑한다고 말하여 아버지에
게서 쫓겨난 막내딸 코델리아라는 셰익스피어의 드라마를
읽으며, 우리는 인간의 진실과 사랑과 의리에 대하여 깊은
상념에 잠기지 않을 수 없다.

독서는 인간을 영적으로 구원한다.

철학자, 종교가의 말을 빌리지 않더라도 인간은 육체·

정신·영혼의 복합적인 존재이다. 그러나 절대 진리의 빛 가운데서 보면, 인간을 인간이게 하는 궁극적인 본체는 영혼이다. 그래서 성경은 육신의 눈이 만일 범죄케 하거든 그 눈을 빼어버리라고 명령한다. 우리 인간에게 육신의 감각 기관보다 더 소중한 것은 영혼의 눈이며 귀다.

『일리어드』와 『오딧세이』를 쓴 시인 호머와 『실낙원』의 작자 존 밀턴은 육신의 눈이 먼 맹인이었다. 괴테는 눈뜬 사람이었으나, 육신의 눈보다 영적인 눈이 더 밝았다. 그의 대작 『파우스트』는 영적으로 구원되어 가는 한 지성인의 행로를 그린다. 세속의 욕망에 몰입하여 재물이며 지위와 명성에다 학식까지 한 몸에 지닌 그 현란한 소유의 극한에서, 정욕의 수렁에 빠진 파우스트 박사가 한 소녀의 순결한 사랑과 희생으로 영혼의 눈을 뜨는 장면에서 우리의 실존은 구원의 은총을 누린다.

좋은 책은 우리 영혼의 별이다. 생각하면 인생이란 노래처럼 즐거운 것이다. 그럼에도 매우 자주 혼탁한 세상살이에 부대끼어 우리의 실존이 심히 흔들릴 때, 좋은 책은 영원한 스승처럼 구원자처럼 우리에게 용기를 주고 삶의 지표를 다시금 확인시킨다.

세상에서 가장 복된 이는 우리에게 삶의 지표를 끊임없이 확인시켜 주는 부모와 스승과 책, 거기에 절대 진리를 만나 깊이 사랑할 수 있는 사람일 것이다. 이 중에서 책은 절대 진리와도 방불하게, 부모와 스승의 너무 짧은 유한성을 넘어 평생토록 동행할 수 있는 신뢰할 만한 친구이다.

참다운 독서는 사람으로 하여금 참된 삶으로 인도한다. 사람의 맑은 영혼을 교란시키고 그릇된 삶의 길로 인도하는 저속한 주간지나, 남의 사생활과 약점 폭로하기를 일삼는 질 낮은 주간지 등을 읽는 것은 인생의 낭비다.

황무한 우리의 마음 밭에 활력의 씨를 뿌리고, 어두운 인생길에 진리의 홰를 밝혀 지혜의 눈을 뜨게 하며, 세속의 한계를 넘어 영인靈人이 되게 하는 것이 참다운 독서이다.

뭇 곡식과 과일이 무르익는 가을, 좋은 책을 읽는 이들에게 축복 있으라, 독서 만세! 독서인 만세!

박영교

호 : 와남(蛙南)
경북 봉화 출생
안동교육대학, 중앙대학교사범대학, 고려대학교교육대학원(석사)
72년 시 3회 추천(김요섭), 『현대시학』 3회 추천 완료(이영도) 등단
전) 한국시조시인협회 수석부이사장, 경북문인협회 회장, 국제PEN
한국본부회원, 시조동인 오늘회원, 한국사설시조포럼 회장, 영주시립
도서관운영위원, 영남시조문학회 회장, 도립영주도서관 운영위원장,
경상매일신문논설위원, 영주시민신문논설위원
영주중학교교감, 영양수비중고등학교 교장, 춘양중고등학교 교장 정년
시 집 : 『가을우화』 외 10권
평론집 : 『문학과 양심의 소리』 외 2권
수 상 : 중앙시조대상, 제1회 경상북도 문학상, 제1회 한국시조시학상,
          제4회 민족시가 대상, 제24회 한국크리스천문학상 외
현재 : 한국문인협회 이사, 경북문인협회 고문, 영주문예대학 학장
사)대한노인회 영주시지회 부설 노인대학 학장

울릉도 · 8

그대 사랑을 모르거든

가슴을 앓아보아라

그대 눈물을 모르거든

외롬을 앓아보아라

진실로

그리움 모르거든

절도絶島 멀리 앉아보아라.

창槍

내 혀를 잘라 들고
날선 창을 만들고 있다
밤마다 무수한 창을 가만가만 날려 보낸다
가벼운
상처도 없이 상대방이 쓰러진다

하나 둘 넘어지면서
그들도 날을 세운다
무너지던 사람들이 하나하나 일어서고
탄탄한 밧줄을 끊고 날선 창을 꽂는다

가만히 들어보면
마음 더욱 익어 가고
사랑 더욱 멀어져 앉는 우리들 사는 언덕배기
가득한 우수를 밟으며 마주하고 또 살란다.

〈제4회 민족시가 대상 수상작〉

징鉦

1

삼천리 그 몇 천리를
세월 그 몇 굽이를 돌아

갈고耕 서린 한을 풀어
가을 하늘을 돌고 있네

수수한 울음 하나로
한평생을 돌고 있네

2

아홉 마당 열두 타작으로
잔등을 후려쳐라

주름살 골숨을 따라
갈가리 찢긴 한을

한평생

돌다 지치면
내 전신全身을 두들겨라.

    3
울거라
울거라
밤새도록 울거라 너는

한 세상 끝날까지
닳도록
울거라 너는

낙동강 홍수가 되어
범람汜濫ㅎ도록
울거라

〈제1회 중앙시조대상(신인 부문) 수상작〉

문무대왕 수중릉

슬픔을 안고 가던 신라왕 수중 무덤
삶의 뼛골까지 나라를 지키려고
한 많은 역사의 아픔
바다에 와 묻는다

돌아보면 조국산천 앞을 보면 망망대해
해초를 덮고 감포 앞바다에 누워 있다
지난날 그리움 솟구쳐
파도가 되고 밀물이 된다

감은사 넓은 뜰 위 탑심塔心에 눈을 얹어
침략의 거센 파고波高 헤쳐 가며 살아왔을
목숨도 사직을 위해선
한낱 초개같은 운명

대왕암 휘감아서 돌고 도는 파도소리
부서지는 흰 포말들 역사의 숨소리까지
잠잠히 잠겨 있는 바다
아름다운 갯벌을 본다.

사마천의 눈물 · 2

사람은 살기 싫어도
살아가야 하는 법이다

너그럽지 못한 상사들이 세상을 뒤흔들어도

삶이란
역사를 바르게 쓰는
내일 향한 오늘일 뿐

권력을 잡았다고
휘두르는 칼자루 앞에

고개 빳빳이 쳐들고 바른말할 사람 있나?

지금도
궁형을 자르는
황제가
있을지 몰라.

용인을 지나며

어릴 때
누나 등에 업혀 큰 나는
지금도 그 따끈한 누나 등이 그립다

용인에 시집가서 아들 딸
육남매를 낳아 키우던
우리 누나가 그리워진다

외로워서 자식을 많이 낳아
키우겠다던 그 누나가
이제는 세월을 이기지 못하고
암으로 세상을 버리고 떠나가셨다

다정하던 지난 날
지금도 그리운 그 따뜻한 체온
오늘은 누나 등이 더욱 그립다.

둘구비 농장에서 · 5

비둘기들이 날아와서
땅콩 밭을
거덜 내고

고라니들이 밤새 와서
고구마 밭을
뒤엎어도

내자內子는
다 함께
먹고살자고

목이 마를까
물을 떠놓고
간다.

묵죽도 · 3

흔들리는 그림자도

조용한 짙은 묵향

오늘 마음 가는 대로 묵죽을 치고 있다

떨리는

지친 몸으로

곧게 세워

풍죽을 친다.

묵죽도 · 4

사군자를 그린 후로

연잎을 그리다가

갓 내린 빗방울이

은구슬처럼 구르는 멋

붓끝엔

갈필이 살아난

까칠한 억새꽃

풀빛.

입동立冬·10

그대는 나를 향해 시위를 고르고
난 그대 심장 위에 화살을 꽂는다
팽팽한
두 팔을 떨며
영혼의 화살 당긴다

때로는 내 마음 깊고 아픈 곳에
그대 꽂은 화살 한 개 뽑고 나면
결핍된
신음 하나가
조용히 사라진다

그대와 나 사이는 멀고도 가까운 이웃
때 묻은 지난 사연 툭툭 털고 형장에 서면
저물녘
푸른 햇살 지는
그리움만 고인다.

못 자국

마음에 못을 치면 울림만도 아픈 거다
못 자국에 녹이 슬어 벌겋게 물이 들면
피눈물
흰 가슴 한 폭
다 적시고도 남는다

얼마를 살다 간다고 꾹 참지 못하는가
순리로 물 흐르듯 남은 이야기 흘려보내고
정겨운
이웃들 만들어
함께 젖어 살고 싶다.

풍경소리

바람이

밀려오면

먼저 알고 몸을 친다

가냘픈

실을 풀어

먼 곳까지 다가가서

갓 돋은

비늘을 치며

돌아오는

산生

율동律動

민통선에서

어둠이 내려앉은 저녁

전쟁보다 더 무거운 침묵

그림자를 깔아놓고

깊은 수렁으로 도망가다

뼈아픈

역사의 그늘

헤아리며 떠난다.

영주 · 1

소백산 인삼 향기
더욱 짙은 안개 피고

푸른 하늘 내려앉는 봉峰마다 따스한 햇살

목마른
자연을 축이는
계곡 물이 소릴 친다

골짝엔 단풍잎 지고
가지들이 윙윙 울 때

죽령 높은 고개 돌아가는 굽잇길은

저녁놀
노송가지에 걸려
마지막 붉게 떤다.

또 한 해가

여생餘生을 아름답고 바르게 살자더니
그리도 힘들었나
훌훌 털던 너의 모습
날마다
실록實錄을 쓰면서도
내색 한 번
하지 않더니

스치고 지나가면 아무도 모르는 일
단풍잎이 아름다워서
시구詩句가 되는 날이면
나이테
또 하나 감고 앉아
내일 일을
걱정한다.

남한강 돌밭 · 2

다 떠나고 없는 강가 버려진 돌만 웅성인다
오석烏石은 뿌리째 캐가고
남은 그림자만 웅성거려
흘러간 시간만 쌓여 물소리만 스산하다.

어느 시인이 다녀가고, 화가가 남긴 발자국
그래도 그네들은
자연을 아는 사람
이제는 포클레인 소리 온 강물을 파 뒤진다.

다 떠내려가고 없는 그리운 강기슭에는
갈숲에 새소리도 바르게 키울 줄 몰라
지나는 시린 강바람
소리 내어 우는 저녁

어디든 앉아 쉬면 마음이 편했는데
지금은 청량淸亮한 새소리 오간 데 없고
밟히면 요란한 목소리
그들만이 소리친다.

불씨

이제는 종부宗婦도 없어져 가는 마당에
오릉五陵보존회 참봉이 그 무슨 소용
상처만
남은 일기장
나 지켜낼 힘도

없다

해묵은 시래깃국 한 솥 가득 끓여놓고
허기를 채우려던 국물 옷깃 여미며 먹던 눈물
어쨌든
가난만은 면하려고
두 주먹 불끈 쥐던

우리.

야사野史처럼 · 3

너는 정사正史라고 마구 우겨대지만
나는 야사野史로 알고 웃어넘긴다
신발 끈
바짝 매고도
불안한 너의
모습

올바른 일에는 바르게 말하고
옳은 일 아닐 때는 굽은 일 바로 고치는
든든한
말 한마디 다
정사라고
일컫는다.

고향 · 6

달빛이 그리워서
밤 뜰에 내려서면

내 마음은 고향 하늘
달빛 함께 젖어들고

기러기
울음소리엔
그리움만 도는 하늘.

부석사 일우一隅

백팔계단 오르면서

무량수전 기둥을 본다

안양루를 밟으면서

부석사 현판을 쳐다보면

이승만 대통령

손끝 떨리는

흘림체가

보인다.

詩 論

시詩는 죽었다

1.

얼마 전 길거리에서 지인을 만났다. 요즘 잘 안 보여서 박교장이 죽었다고 하던데? 살아 있네. 얼마나 황당한 이야긴가? 사실 그렇다. 얼마 전까지만 해도 함께 운동하고 얘기하던 사람이 며칠간 보이지 않으면 '유명幽明을 달리했다'는 말을 전해 듣는다.

요즘 옛날 기억을 더듬어서 고향 친구를 만나려고 찾아가 보면 살아 있는 친구는 없고 집집마다 개들이 컹컹 짖어대는 것이 인사이다. 세월이 너무 멀리 간 것을 보면 우리도 얼마 남지 아니한 생生이라고 느껴진다.

작품을 대하다 보면 생각 자체가 젊고 늠름한 것이 드물다. 또 젊을 때보다 노년에 이르러서 사람들이 글쓰기에 더 열중하는 것을 볼 수 있다. 또 시를 써서 생계를 이어가는 시인이나 소설가도 별로 없다는 것을 안다.

그렇다면 우리 시대에 글을 써서 먹고사는 법은 없을까? 너무나 묘연한 이야기이다. 젊은이들은 이 골치 아픈 일을 하려고 들지 않는다. 쉽게 돈을 벌려고 하고 돈도 많이 주는 쪽을 선호한다. 안전한 직업을 선택하려고 노력하며 주로 대기업을 선호하여 입사하려고 한다.

요사이는 시를 쓴다는 것을 어렵게 생각하지 않는다. 행복한 삶의 조건으로 받아들여지거나 자기 스펙을 쌓는 과정으로 여기기도 한다.

시는 사람이 살아가는 동안 마음의 감정과 느낌을 쌓아 새로운 삶의 근원이 되는 글을 만들어내는, 즉 질 좋은 삶의 정서를 만들어내는 과정이 되고 있는 것이다.

2.

요즘 책을 대하는 독자들은 너무 평범한 글이나 책은 대면하지도 않으며 또 시詩도 너무 길고 난해하면 읽어주지 않는다. 복잡하고 바쁜 시대라며 시가 한 페이지가 넘으면 외면한다.

독자를 불러들이려면 시인들이 깨어 있어야 한다. 독자의 마음에 화살처럼 꽂히는 살아 있는 시를 쓰려면 어떻게 해야 하는가? 깊이 생각하고 쓰지 않으면 안 된다. 시는 읽어주는 사람이 있어야 살아남을 수 있기 때문이다. 나혼자 흥에 겨워서 토吐해 놓은 언어가 세상에 살아남으려면 다듬어지고 덧입혀져서 우리가 계절에 맞는 옷을 입듯이 독자의 삶과 정서에 보탬이 될 수 있어야 한다.

모든 사람들에게 유익하고 특히 젊은이들이 선호할 수 있는 좋은 길을 터놓기 위해서 기성문학인들은 노력하고 있다. 요즘 문학지文學誌나 광고 란에 보면 문학을 해서 생활할 수는 없지만 많은 공모전이나 문학상 제도가 있는데 그것이 좋은 본보기다. 더욱 확대되어 더 많은 시상금과 공모전이 있어야 할 줄 안다.

또 한 가지는 작품을 쓰는 작가나 시인들이 세대교체가 되어서 더 훌륭한 좋은 작품이 많이 나와야 시가 살아남을 수 있다고 생각한다. 기성시인들은 젊은이를 끌어당길 수 있는 안목이 있어야 한다. 시인 자신의 직접 경험이나 간접 경험한 이야기를 시대적 감각에 맞는 신선한 이미지로 작품화해야 한다. 그래야만 시인이자 독자가 될 젊은이들이 들끓게 될 것이며 살아 있는 시가 될 수 있을 것이다.

3.

문학은 새로운 매체가 아니다. 그러나 문학이 문학으로서 살아남을 수 있는 것은 독자가 공감할 수 있는 감동의 예술이기 때문이다. 그렇다고 시인이 작품을 쓸 때 독자만을 의식한 작품은 포퓰리즘populism에 치우쳐 시인의 개성과 시의 정신적 요소를 빼먹을 수 있으며 구심점이 무엇인지도 모르는 작품이 될 수 있다.

요즘 발표되는 젊은 시조시인들의 몇몇 작품들을 보면 시조의 내용은 이것인데 제목이 엉뚱하여 매칭이 되지 않는 경우를 볼 수 있다. 독자들을 어리둥절하게 만들던 70년대 초•중반쯤 발표된 작품을 보는 듯하여 마음이 아프다.

　이제 그만 좀 하자. 좀더 진실한 작품을 쓰자. 그렇다고 카메라의 앵글을 접사 링을 끼워서 피사체에 가까이 접근시켜 촬영하듯 너무 적나라하게 쓰라는 말은 아니다. 새로운 경험 또는 간접 경험의 구상 속에서 은은한 형상화 작업과 알맞은 스몰스텝의 거리를 살려서 이미지화 작업을 해 가면 시詩가 죽는 일은 없을 것이며 독자도 살아나는 시를 만나게 될 것이다.

생각하는 로댕Rodin

　소련 공산주의 체제에 항거하다가 추방당한 노벨문학상 수상작가 솔제니친은 "지금 세상에서 단 한 권의 작품을 선택하라고 한다면 나는 기꺼이 톨스토이의 『인생론』을 선택할 것이다."라고 했다. 왜냐하면 톨스토이의 작품 속에는 잊을 수 없는 '사랑' 그것도 생각하고 사색할 수 있는 깊은 사상적 현실이 있기 때문이 아닐까 한다.

　로댕Rodin의 작품 중에는 사색을 하는 사람의 모델이 떠오르게 된다. 「생각하는 사람」은 「지옥의 문」이란 작품의 일부분으로, 그 문 윗부분에서 아래의 군상群像을 내려다보고 있는 형상을 하고 있다. 우리들 삶 속에서 사색하지 않고는 깊은 삶을 살아갈 수 없을 것이다. 그 깊은 생각 속에서 앞길이 순조롭게 열리며 살아갈 수 있게 되고 돌이킬 수 있는 반추反芻도 태어나게 되는 것이다.

　슈바이처가 평생을 아프리카 사람들을 위해 헌신하고 살아가면서 남긴 말은 "생각하는 것을 포기하는 것은 정신적 파산선고와 같다."라는 것이었다. 우리가 사색하고 생각하는 삶을 살아갈 때에 그 삶이 올바른 길을 걷게 된다고 본다.

지금 나는 어떤가?

이런 질문에 맞서서 치열하게 살아본 적은 있는가? 현실을 사랑하고 현재의 삶을 사랑하는 인간으로서 살아갈 수는 있는 것인가? 남을 위해 봉사하고 사랑하면서 자신의 사색에 깊은 내적 사상을 내재하며 살아가는 삶은 정말 고귀하다고 할 수 있겠는데, 지금 나는 그런 사람인가? 하고 생각해 본다.

박종구

호 : 평금(平金)
학원문학상 소설 「담울재를 넘다」 입상(1963)
경향신문신춘문예 동화 「은행잎 편지」 당선(1974)
「현대시학」 시 데뷔(1976)
웨스턴 데오로지칼 세미나리 선교학박사(1994)
한국기독교문화예술대상(2011)
한국목양문학대상(2016)
기독교문화대상(문학)(2016)
총신문학상(2017)
대한민국기독예술대상(2018)
문화포장(2016)
저서 : 시집 『그는』 외 28권
현재 : 「월간목회」 발행인, 크로스웨이성경연구원 원장

낙관을 치며

오롯이 낙관을 거둔다
고요만이 내려앉은
이 적색의 유배지 —

한세월 수놓은
뜨락

묵향은
이적지 낮달에 걸려 있고

데생

길은
갈 수도, 올 수도 없이
엉켰다, 풀어졌다

어릴 적 환한 눈매
그 위로 무수한 선들
덧칠된 자화상

어지러운 길을 밟아 오늘도
나를 찾는다
엉켰다, 풀어졌다

풍경

거리마다
나직한 강물은 흐르고
아침 아홉 시쯤
밀려드는 잿빛 언어들

나이프로 긁어내고
자글자글 차돌로 문지르면
새순이 돋아날까

한 됫박 눈물을 끼얹어
부우연 잉태를 떠올릴까

아침 아홉 시쯤
한 자락 강물 위에
누가 물빛 낱말들을 띄우는가

잿빛을 털고 일어서는
저 부산한 빛깔들

가랑잎을 밟다

비 젖어 처진 어깨
바람 겨워 이지러진 나날

더러는 그리움으로
더러는 아쉬움으로

바스락대며 일어서는
나의 일흔 해

갈대

하늘만 우러른
외길
속과 겉이 한 결이구나

무채색으로 내민 얼굴마저
찬바람에 씻겨내곤

밤새 오른 독기
쓸어내는
칼소리

마냥 서늘하다

등꽃

한 세월 오롯이 멍울진
울 오마니 엉긴 한일거나
해거름께 들불로 깨어나
갈피갈피 등을 다누나

질곡의 자국마다 고인 그림자들
이제는 떨치고 일어서라는 듯
차마 못 비운 앙금일랑
더러는 헹구어 내라는 듯

아직은 미명 이슬밭 길을
이적지 앞장서 불 밝히는
아, 속살 깊이 젖어 오는
보랏빛 살내음이여!

메아리

오늘도 화살은 촘촘히
날아왔다

그러니까, 내 시위를 떠났던
그 시퍼런 살기들

아스라한 세월의 뒤란에서
어느 것 하나도
녹슬지 않았다니 —

춤

나부끼다 스러지고
스멀스멀 이글거리고

진작이 맨살로
강물을 태우고

목마르다 목마르다
저만치 맞닿은
하늘아

해바라기

님이 저녁노을 자락마저
추스르고 나면
님과 걷던 발자국 되짚으며
긴 밤의 회랑을 돌아
처음 매무새로 선다

아직은 먼동
그리움은 처음 눈빛인 양
온몸으로 현을 고른다

순교자

순교자는
말이 없어라
그래서 더 눈부신 빛깔
잠든 영혼을 일깨우네

받은 것 모두 쏟아
텅 빈 우주 순교자
그래서 늘푸른 향기로움
마냥 우리를 태운다

한 점 흐트러짐 없는
한 자락 흔들림 없는
오직 생명으로 인각된
아, 님의 발자국이여

그날 그 노을빛 언어
오늘은 사랑의 핵이 되어
우리의 얼 깊은 곳에서
빛무리로 폭발하여라

삼층천

두드리자 일제히 일어서는
빛무리

한 갈래 무늬를 떨치고 다가오는
벗은 언어들

무채색의
그것은

임마누엘

비로소
온몸으로 젖어드는 한 올 울림이여
임마누엘
그는

긴 목마름의 끝자락
오련히 일어서는 빛 조각들
마냥 차오르는 물빛일거나
이 아침 날 빚으시는
그 숨결
임마누엘
그 도타운 눈빛이여

고운 잎새 너머로 오롯이 다가오는
그 말씀이거니
마침내 처음과 나중이 비롯되는
트인 길이어라
임마누엘
그는

그러므로 주님이 오시다

아직은 우리
무엇 하나 이룬 것 없이
제대로 채운 것 없이
빗장 지른 많은 날들
입 안 가득 가시만 무성한데

그가 오시다니
이 흐트러진 매무새에
그가 오시다니

돌덩이 움켜 쥔 가인의 후예들
거리마다 메아리 짓는 피멍든 빛깔들
이토록 스산한 계절에
그가 오시다니

처음 오시던 그날 그 무렵
깊은 어둠 사방을 둘러치듯
오늘 이 땅 이 해거름
서로 눈 흘기고 스스로 결별하고

그래서 더욱 흔들리는 바벨탑
하늘까지 닿는 아우성

아, 오늘은
고운 모양도 풍채도 없이
덧없이 낮은 자의 모습
잠잠한 어린양으로
그가 오시다니

아직은 우리
그를 맞을 빈 방도
빈 마음도 마련하지 못한 채
광야에서 외치는 자의 소리
전설처럼 아득하기만 한데

그가 오시다니
고운 빛 새 언어로
큰 기쁨의 나래를 펼치며
아, 그가 오시다니

메시아, 그리고 아담

〈I〉
태초의
그 하늘 그 누리
완전함, 선함, 참다움, 그리고
눈부심이었다

그의 이미지
그의 눈빛
그의 숨결
아, 깨어나고 있었네
흙으로부터 흙을 털고 일어서는
벼랑으로부터 잿빛을 이우고 일어서는
비로소 온몸에 스며드는
그 생명의 그 일렁임
아담

비로소 일컬으며
비로소 다스리며

비로소 피워 갈
너와 나의 여백
아담

또 하나의 부름, 하와
뼈 중의 뼈 살 중의 살이여!
맨 처음의 노래
맨 처음의 만남
비로소 열리는 아침
비로소 흐르는 낮
비로소 일어서는 저녁
비로소 빛나는 밤
시작, 그리고 끝, 그 알파, 그 오메가
무한한 능동지대
휘영청 늘어진 가능성
그래서 더 깊은
그래서 더 버거운 꿈이여!

선악을 알게 하는 나무
그 열매
그 빛깔
그 향기
아, 그 손짓, 그 유혹, 그 나태
그래서 떠난 이름
그래서 잃은 자리
그래서 비롯되는 어둠의 노래여!

〈Ⅱ〉
모든 것은 파괴되고 있었다
남과 여, 형과 아우, 민족과 민족
가시와 엉겅퀴
깨어진 조화, 깨어진 땅

더러는 시작되고 있었다
수고와 땀
해산의 고통

미움과 훼방
음탕한 눈빛
죽임
절대자에의 도전
그날의 반역

그것은 처음 에덴에서 비롯되었다
그것은 들판으로 번졌다
아우를 향한 돌칼
피의 울부짖음
그것은 온 땅으로 흩어졌다
하늘의 아들들의 타락
그리고 시날 대평원의 오만
자, 모이자, 흩어짐을 막자
자, 세우자, 하늘 끝까지
자, 우리를 드러내자, 온 세상에
인간의 지혜
인간의 힘

인간의 지략

그것은 혼란의 시작이었다
제 갈 길로 나서는
자기 속임의 나팔소리
산회의 석양
바벨

아, 그것은 정죄의 시작이었네
아무도 헤어나지 못하는
죄 – 심판 – 죽음
헬라인이나 유대인이나
모두가 멍에 아래 신음하는
가도 가도 타는 목마름
가도 가도 보이지 않는 에덴

우리는 거기 없었네
뱀과 대화한 적도, 그 열매를

쳐다보지도, 만지지도, 따 먹지도
건네지도 않았네

누가 우리를 부서뜨리는가
누가 우리를 묶는가
누가 우리를 유랑하게 하는가
누가 우리를 유배시키는가
누가 우리를 스올로 손짓하는가

〈Ⅲ〉
마침내 그가 오다
여인의 후손으로
아브라함과 다윗의 후예로
둘째 아담으로
마지막 아담으로
새 아담으로
마침내 다시 비롯되는
만남, 해방, 회복, 화해

새 창조의 새 아침이여!

한 사람으로 정죄 아래 놓인 우리
한 사람으로 다시 기업을 잇네
한 사람으로 추방되었던 우리
한 사람 안에서 다시 영접받네

첫 번 아담의 타락
파문처럼 확대된 검은 그림자
그 파문의 무늬 너머
창조주의 은혜가 먼저 있었네
죄의 확대
아, 그것은 은혜의 확대
둘째 아담의 넘실거리는
아, 그 은혜의 넉넉함이여!

보아라 저 장방형의 새 하늘 새 땅
두루 도는 불 칼은 사라지고

다시 길은 열리고
생명나무 저 빛나는 새 아침
금거문고 가락, 나팔소리, 우렛소리
장엄한 대합창이여!

지도자를 찾는다

오늘 이 땅이 부르짖는 핏빛 절규에 귀를 기울일 줄 아는 지도자를, 짓궂게도 아물지 않는 상처 이 아픔을 바로 볼 줄 아는 지도자를, 그리고 이 시대 우리와 더불어 호흡을 함께할 줄 아는 그런 지도자를 우리는 찾고 있다.

새 양복으로 말쑥하게 차려입지 않아도 좋다. 고급 의자나 화려한 강단이 아니어도 좋다. 캐치프레이즈나 호위병 따위는 거추장스럽기만 하다.

잔디밭이면 어떻고 바닷가면 어떠냐. 아니면, 병자들이 모인 곳이거나 소외받은 자들의 거처면 어떠냐. 또 우범지대면 어떻고, 공동묘지인들 무슨 상관이랴. 군중의 소리를 듣되 악용하지 않는 지도자, 군중의 상황을 보되 색안경을 끼지 않는 지도자, 군중의 피폐와 함께하되 결코 감상에 젖지 않는 그런 지도자를 만나고 싶다.

그렇다. 들리지 않는 소리에 귀 기울일 줄 알고, 보이지 않는 것을 먼저 볼 줄 알고, 모든 스러져 가는 것들에 애정을 부어주는 그런 지도자 말이다.

빛을 갈구하는 자들을 위해 함께 벽을 허물고, 늪에서

허우적대는 자들을 일으켜 세우며, 앞에 열린 탄탄대로를
가리키는 지도자를.

성취만을 위해 과속으로 달리지 않는, 그래서 과정을 더
욱 소중하게 보는, 꼴찌에게도 격려와 기회를 줄 줄 아는
지도자를.

사랑과 평화를 위해서는 순한 비둘기이다가도 불의와
부정 앞에서는 성난 사자처럼 그 뿌리를 뽑는 데 더 지혜
로운 그런 지도자를 우리는 갖고 싶다.

무엇보다 생명의 소중함을 아는 자이어야 한다. 생명을
위한 정책을 최우선으로 하는 지도자, 물질보다는 정신세
계에 더 깊은 관심을 두고 인간의 내면세계에 더 많은 비
중을 두는 지도자, 그가 생명문화를 창조하기 때문이다.

어제의 추억에 잠겨 있거나 오늘의 안일에 빠져 있지 않
고 내일의 비전을 보여주는 지도자. 그는 언제나 우리에게
기쁨을 준다. 받는 것보다 주는 데서 오는 기쁨을, 높아지
기보다 낮아지면서 얻는 기쁨을, 소유하기보다 베푸는 데
서 받는 기쁨을, 우리로 깨닫게 한다.

때때로 절대자 앞에 단독자로서 은밀한 교제가 있어야
한다. 시간이나 장소는 차라리 무의미하다. 자기 성숙을
위해 겸허하게 무릎을 꿇고 끊임없이 스스로를 채찍질해야
한다.

뼈를 깎는 아픔으로 참회의 시간을 늘려가야만 한다. 미

화하지 않는 참회록을 날마다 적어 가야 한다. 과장된 전기만을 남기는 지도자, 그것도 생존시에 화려하게 꾸미는 일을 부끄러운 줄 알아야 한다. 보편적인 상식이 특수적인 진리에 가장 가까운 것이다. 바로 그 진리이기도 하다. 이 상식을 소홀하게 여기고 뭉개어 버릴 때 그것은 진리의 배반행위가 된다. 이것을 아는 지도자는 많다. 그러나 그것을 행하는 지도자는 많지 않다.

말에 앞서 먼저 행하는 지도자를 우리는 섬기는 지도자라고 부른다. 스스로 종이 되어 남을 섬기는 삶을 말한다. 힘으로 군림하지 않고 허리에 수건을 동이고 대야에 물을 담아 들고 군중 속으로 들어가는 지도자를 우리는 존경한다.

배역이 끝난 무대 위에서는 퇴장할 줄 아는 지도자에게 우리는 박수를 보낸다. 장면이 바뀌었는데도 서성거리고 있는 제스처는 꼴불견이다. 이 맹랑한 무대를 보고 터져 나오는 관중의 폭소를 환호로 착각하고 더 으스대는 연기는 저질 코미디 이전에 우리를 슬프게 한다.

아무리 많은 업적을 성취했다 하더라도 큰 역사의 드라마에 한 작은 엑스트라였음을 감사할 줄 아는 그런 지도자를 우리는 사랑한다.

일그러진 이 모습 이대로를 넉넉한 가슴으로 안아주는 지도자, 그가 우리와 함께 있으므로 살맛이 나는 지도자,

그가 어느 하늘가에 있는지 늘 그리워지는 지도자.

이런 지도자는 지금 어디에 있는가.

주어를 바꾸면 미래가 보인다

'모든 것의 우선순위 첫 번째는 나 자신이다. 이익도, 편의도, 명예도, 향락도 나부터다. 우선 내가 배부르고 등이 따뜻해야 한다. 그 다음에 이웃을 생각해야지.' 이런 철학으로 살아가는 자의 주어subject는 늘 일인칭 단수형의 나 자신이다.

우리나라 문화는 자기중심주의가 보편적이다. 달에 있는 계수나무도 찍어다 집을 짓는 것도 만족하지 않아서, 장대 들고 망태 메고 뒷동산에 올라 달을 따자고 한다. 심지어는 낮에 나온 반달도 가만두지 않는다. 어찌 달만의 수난이겠는가. 우리나라 환경지수는 세계 122개국 중에서 95위로 나와 있다. 이 같은 일인칭 단수 문화는 미래가 없다.

주어가 복수형은 어떤가. 너와 나, 곧 우리라는 군중을 내세우는 부류들이다. 군중의 세에 따라 만사를 꾀하려는 철학을 가진 자들이다. 다수가 진리인가. 다수결이란 제도도 선하지 않은 경우가 더 많다. 그래서 만장일치는 무효라는 문화도 있다. 성경은 다수를 따라서 악을 행치 말라고 경고하고 있다(출 23:2). 다수가 진리라면, 그리스도는 이미 벳새다 광야에서 이스라엘의 왕이 되었을 터, 그러나 그는 군중이 그를 왕으로 옹위하려는 기미를 간파하고 급히 그 현장을 피했다(요 6:15). 다수, 그것은 때로 좁은 문을 피해서 넓은 길을 택하는 암울한 잿빛 미래, 멸망의 행렬일 수 있다.

생명이 아닌 것을 주어로 정하고 그에 집착하는 경우도 있다. 재물이라든지, 조직이라든지, 명예 같은 것에 최고의 가치를 부여하고 달려가는 유형이다. 그런 것을 좇다가, 그것이 신기루인 것을 깨달을 때는 이미 늦다.

주어가 인간 중심일 때도 미래는 암흑이다. 휴머니스트들이 인간의 존엄과 자유를 강조하다 지나치게 되면 절대 인본주의에 빠지게 된다. 주어의 자리에는 늘 인간이 있을 뿐이다.

이런 시각으로 성경을 보는 것은 더 위험하다. 성경에 등장하는 어떤 인물을 모델링해서 그 인물의 장점을 본받도록 강요하는 것은 성경의 주어를 인간 중심으로 제한하는 문법이다. 성경의 주인공은 삼위일체 하나님이시다. 따라서 주어는 하나님이셔야 한다. 역사의 선한 주인공은 오직 한 분 하나님이시다. 그가 그리스도 안에서 선한 뜻을 펼치신다. 미래 또한 그리스도 안에서 전개된다. 그래서 역사는 직선이며, 미래로부터 현재로, 그리고 과거로 흐른다.

주어의 문제는 곧 은혜냐, 선행이냐의 문제다. 구원은 은혜를 인하여 믿음으로 받는다. 선행은 구원받은 자가 마땅히 보여야 할 덕목이다. 그러므로 성경의 주어는 인간이 아닌 하나님이시다. 구속사에 등장하는 인간들은 하나님께서 사용하시는 소도구일 뿐이다.

주어가 실종된 사회는 어떤 풍경일까.

오늘도 주어를 만나지 못하다
부사를 앞세운 동사들이 줄달음치는 거리
빌붙은 명사를 잃은 형용사들은
낙서처럼 디룽대고
과거 시제로 내일을 보려는
그나마 도치된 생략법
오식된 자리에서 어거지를 쓰는 분사형들이
석양의 만장처럼 나부끼누나

우리 인간은 한 주어인 그리스도의 몸에 붙어 있는 지체들이다. 인간은 수식어에 불과하다. 주어를 그리스도로 바꾸는 지혜, 그것은 창조적 미래를 맞을 기름을 준비하는 일이다.

주어를 그리스도로 바꾸면 눈부신 미래가 보인다.

기도문

창조주이시며 만유를 다스리시는 우리 주 하나님께
영광과 찬양과 존귀를 드립니다.

우리 민족의 수난의 역사 속에서도 우리 민족을 사랑하
시어
복음의 빛을 비춰 주시고, 영원한 생명을 주심을 감사드
립니다.
예수 그리스도의 복음으로 우리 민족은 흑암을 떨치고
일어섰으며, 교회와 국가가 새로워졌습니다. 눈부신 성장
을 이루었습니다.
이는 영원부터 만물을 창조하신 하나님 속에 감추어졌
던 비밀의 경륜을 드러내 주심입니다. 감사와 찬양을 드립
니다.

생명을 주관하시는 주 하나님,
오늘 우리는 주님 앞에 선 죄인들입니다.
좁은 문은 피하고 넓은 길을 택했으며, 어둠을 사랑하고
불의한 길에 나서기를 먼저 했습니다.

진리 아닌 것에 현혹되었으며, 생명이 아닌 세속 가치에 매달렸습니다.

우리를 용서하여 주옵소서. 물량주의 우매함에서 깨어나게 하옵소서.

한국교회가 주님께 칭찬받을 일보다 책망받을 일에 참회의 무릎 꿇게 하옵소서.

잃어버린 처음 사랑을 다시 찾게 하옵소서.

아픔이 있는 영혼들을 치유하여 주시고, 좌절 속의 다음 세대를 일으켜 주소서.

500년 전 비텐베르크의 개혁운동과, 110년 전 평양대각성운동의 불길이 꺼지지 않게 하옵소서.

오직 성경, 오직 그리스도, 오직 은혜, 오직 믿음, 오직 하나님 영광을 위해 새로워지게 하옵소서.

악에 빠지지 않게 보전하시며, 진리로 거룩하게 하옵소서.

예수 그리스도 안에서 하나 되게 하옵소서.

하늘과 땅에 있는 각 족속에게 이름을 주신 주 하나님,

우리 민족이 말씀 앞에 솔직하게 하옵소서.

니느웨 백성들처럼 왕과 대신들과 모든 사람들이 굵은 베 옷을 입고 재위에 앉아 하나님께 부르짖게 하옵소서. 각자 악한 길과 강포에서 떠나게 하옵소서.

지금 이 나라의 정국은 심히 혼란합니다. 하루 속히 병

리현상이 치유되어 법치가 세워지고 도덕이 회복되게 하옵
소서.

인류 역사를 섭리하시는 주 하나님,
분단된 우리 민족이 하나 되게 하옵소서.
유다와 이스라엘의 두 막대기들을 하나 되게 하신 주님,
우리 민족의 남과 북이 하나 되게 하옵소서.
통일된 이 민족이 세계를 섬기는 미래를 열어 주옵소서.
평화와 공의가 이 땅에 가득하게 하옵소서.
국가 간의 갈등과 차별을 넘어 화평과 사랑으로 함께 가
게 하옵소서.
이 나라 지도자들에게 지혜와 비전을 주시고,
국민 각자는 스스로의 위치에서 책임을 다하며 본분을
지키게 하옵소서.
서로 믿고 존경하며, 서로 돕고 사랑하는
밝은 사회, 맑은 사회, 올바른 사회로 거듭나게 하옵소
서.
나만의 세계에서 우리들의 세계로,
오롯이 주님의 세계로 성숙되게 하옵소서.

세상을 온전히 사랑하시는 주 하나님,
주께서는 지난 세기 한국교회를 세계선교의 도구로 쓰
셨습니다.

오늘도 한국교회는 '와서 우리를 도우라'는 마게도냐의 부름 앞에 섰습니다.

오는 세기에도 한국교회가 세계복음화의 사명을 충직하게 감당하게 하옵소서.

천국복음이 모든 민족에게 증언되기 위하여 온 세상에 전파되게 하옵소서.

한국교회가 미래사회의 영적 도전 앞에서 깨어 있게 하옵소서.

생명 경외와 창조질서의 보존에 솔선하게 하옵소서.

먼저 주님의 나라와 주님의 의를 구하게 하옵소서.

마음을 새롭게 함으로 변화를 받아, 하나님의 선하시고, 기뻐하시고, 온전하신 뜻을 분별하게 하옵소서.

오직 빛의 갑옷을 입고 그리스도 안에서 승리하게 하옵소서.

만유의 주시며 만왕의 왕이신 주 하나님은 선하시니 그의 인자하심이 영원하고 그의 성실하심이 영원합니다.

길이요 진리요 생명이신 예수 그리스도 이름으로 기도 드립니다. 아멘.

〈제49회 대한민국 국가조찬기도회 공동기도문〉

김지원

『현대시학』 등단
한국크리스천문학가협회 회장 역임
시집으로 『다시 시작하는 나라』 등 8권
수필집으로 『빗줄기의 리듬』
영역시집으로 『함몰된 것들의 평화The peace for the collapsed 원응순 역』
합동시집 : 『새 예루살렘의 노래』, 『12시인이 지은 외투 한 벌』 등
수상 : 창조문예 문학상, 기독교문화예술대상, 목양문학상, 한국크리
      스천문학상
현재 : 서울중앙교회 목사

강아지풀

그는 한때
손바닥에서 놀던
애완견이었다

그는 한때
따뜻한 품에 안겨
생의 절반을 나누어 가졌던
반려견이었고

싫증나
낯선 곳에 버려졌던
유기견이었다

워리, 버꾸, 메리, 쫑…….

무너지고 또 무너져도
곰살맞게 머리를 흔들며

여름 들녘에 가득 돋아나는
그는 한때,
슬픈 망각이었다.

시간의 끝에 가면

산도 나이가 들면
머리가 희어진다

유럽 알프스의 최고봉인 몽블랑
아프리카의 킬리만자로
일본의 후지산
그리고 소싯적부터 흰머리였던 백두산

머리가 흰 산들은 그 자체가 존엄이다
몽블랑을 향해서는 집도 못 짓게 한다
후지산은 영원한 삶으로
백두산은 민족의 영산으로 남는다

갈대도 나이를 먹으니 허리가 굽고
머리가 희어진다
억새도 나이가 드니 흰 머리칼을 휘날리고
목화도 나이가 들어 머리가 하얗게 벌었다

항상 시작하는 시간
그리고 항상 종말에 있는 시간
그도 나이를 먹으니
흰 눈을 뒤집어쓴다
폭설에 파묻힌 삼라만상이 가물가물
섬처럼 떠 있다

왜 시간의 끝에 가면
모든 것이 하얗게 되는 것일까.

그리움

당신은 항상
내 안에 가득하다

가까이 갈수록
더 멀어지는 세월의 깊이

밤새도록 걸어
나는 지금
그리움의 끝에 와 있다.

가을 담쟁이

피 묻은 손 하나
움켜쥔
자유에의 갈망
브란덴부르크 담을 넘지 못한 채로
숨을 거둔.

그림자

그림자 곁에는
그림자임을 증명하는
그림자가 있다

세상의 모든 것을 흑백으로만 보는
무성영화시대의
활동사진이 있다

어둠 속에서는
자신을 분실하지만
밝음 속에서는
용케도 자신을 되찾는
공간의 유실물

때로는 또렷해지기도 하고
때로는 희미해지기도 하다가
마침내
그림자처럼 사라져버리는
그림자.

새

불 밝히고 앉아
새 우는 소리 듣는다
이 야심한 오밤중에
눈물마저 마르지 않은
저 새털 같은 쓸쓸함 뒤에도
숨어 있는 그림자
입춘 지나 붉게 언 강물 다 풀리는데
아스라이 손에 잡힐 듯 아름대는 슬픔
다 날지 못해
홀로 뒤척이는 새.

파도

파도가 인다
그러나 더 큰 파도가 오면
곧 잊혀지고 만다

주먹만 한 파도 뒤에
집채만 한 파도가 오고
집채만 한 파도 뒤에
산 같은 파도가 인다

다시 파도가 인다
산 같은 파도 뒤에
더 큰 파도가 와서
흔적도 없이 지워버린다

모든 것이 물거품이라는 것을
슬픔도 눈물도 잊혀지고 나면
다시 새로워진다는 것을
말하려는 것일까

놀란 가슴들이 새파랗게 물든다

파도가 치고
다시 그 뒤를 파도가 뒤따른다
모두들 망각으로 가고 있다.

죽은 나무

나무는 죽어도 다시 산다
허물어진 밑둥치는 불개미의 집으로
옹이진 가장자리는 풍뎅이의 놀이터로
바스러진 속살은 굼벵이의 보금자리로
무릎 아래 자비로 구름버섯을 키운다.

봄 스케치

바람이 분다
하얗게 휘날리는 꽃 이파리…

뽀얗게 흐린 시야 너머로
누군가 걸어오고 있다

한때
봄에 겨운 바람들이
머물다 간 자리

눈 쓸듯
낙화를 비질하는 노인의
굽은 등 뒤로

설핏 기우는
봄 오후.

공룡의 끝

언제까지 자랄 것인가
이 공룡들은
탐욕의 촉수들을 어디까지
뻗을 것인가
저 무한의 욕망의 빨판들은

영문도 모른 채 달려가고
영문도 모른 채 밀려가고
영문도 모른 채 합류하는
거대한 물결

무엇을 알기나 안 것일까
무엇을 어쩌자는 것일까
도대체 어디까지 가자는 것일까

무너질 그날은 알고 있으면서도
끝없이 일어서는 행렬.

그릇

우리 몸은 음식물 쓰레기봉투
꾹꾹 눌러 담아도
허기를 다 채울 수 없는
무한의 종량제

입을 열 때마다 악취를 풍겨
한 번 벌린 입은
다물 수 없는
욕망의 그릇

아, 누구인가
이 오지그릇에
푸른 하늘을 가득 퍼 담아 줄 이는.

저항

눈을 밟으면
뽀드득 소리를 내며
더 단단히 뭉친다

모래를 밟으면
싸그락거리며
발끝에서 아득히 튀어 오른다

보리를 밟으면
더 새파랗게
돋아나고

낙엽을 밟으면
바스락거리며
온몸을 순식간에 부셔버린다

밟히는 것들이 내는
소리!

노을

노을이 진다
힘겹게 살아온 생애
고단한 하루가 걸려 있다

모든 하늘을 다 태우고도 남을 바람들이
이별을 그리워하고 있다

아름다웠던 기억들과
슬프고도 애잔한 기억들을
상기된 표정으로 채색하고 있다

이제 저 붉게 타는 강을 건너면
마침내 그리던 본향에 이르리라

문득 눈을 들어 보니
미처 제 몸을 다 사르지 못한
바람 한 조각이
이승과 저승 행간에
은유로 걸려 있다.

다리

다리가 되리라
외로운 섬과 섬을 연결하는
물결이 되고
망각의 세월 건너편에
기억을 되살리는
추억이 되리라

다시 다리가 되리라
평행하는 두 직선을 가로누운
침목이 되고
단절된 언어와 언어를 잇는
접속사가 되리라

오래고 낡아
쓸쓸한 풍경이여

나를 밟고 건너라

나는 너에게 살포시 내미는
등허리가 되고
어깨와 어깨를 연결하는
춤사위가 되고
고저장단이 되고
마침내
뜨거운 눈물이 되리라.

원근법

멀리서 위대해 보이던 것들도
가까이서는 왜소해 보일 때가 있다

반대로
가까이서 하찮게 보이던 것들이
서너 발 물러서면 아름답게 보이고

가까이서 미워하던 시간들도
멀리서 보면 그리움이다

세상에 무엇이 아름다우며
무엇이 누추하랴
모두가
멀고 가까움에 있는 것을.

이상한 풍향계

노선생이 우리 교회 봉사자로 온 것은 어느 해 봄이었다.

그는 당시 결혼한 지 얼마 되지 않았고 갓 태어난 딸을 하나 두고 있었다. 사람과의 관계가 항상 그러하듯 서먹서먹하던 분위기가 가시고 허물이 없어지자 그는 이런 말을 했다.

"목사님, 사실 처음에 목사님이 좀 두려웠습니다."

나는 깜짝 놀라 반문했다.

"두렵다니?"

"제 고향이 경상도거든요. 그런데 목사님이 호남 분이라 사실 좀 긴장했습니다."

그 말을 듣고 긴장한 쪽은 나였다. 세상에 어쩌다 사람의 마음이 이렇게까지 되었는지 탄식이 나왔다. 사실, 그동안 말은 하지 않았지만 작은 나라에 앙금처럼 가라앉은 것이 지역감정이었다.

평소에는 아무렇지도 않은 듯하다 바람만 불면 온갖 티끌이 공중으로 떠올라 시야를 흐려놓는 것처럼 나라를 혼란스럽게 만드는 만성 염증 같은 것이었다. 그리고 그것은 언제부터인가 교회까지 파고 들어와 사람들의 마음을 갈라 놓았다.

왜? 언제부터, 무엇 때문인지도 모르는 이 단군 이래 최대의 이단사설에 사람들은 자신도 모르게 휘말려들었다. 무슨 일이든 옳고 그름의 문제가 아니라 어디서 사느냐가 문제요, 정의와 불의의 문제가 아니라 어느 방향인가가 문제가 되어 서로 미워했다. 더더구나 이런 일들이 하나님의 교회까지 버젓이 파고들다니 할 말을 잃었다. 그러면서 노선생은 또 이런 말을 했다.

"그런데 사실 우리 동네 사람들이 전라남도 함평에서 온 사람들이거든요."

그 말을 해놓고 내 눈치를 살폈다. 나는 그에게 여러 가지 말로 신앙인의 자세에 대해서 누누이 설명했다. 그리고 그 해 우리 교회 학생과 청년들은 호남에서 살다가 영남으로 이주했다는 노선생 고향으로 꽤 먼 여름 하기수련회를 은혜 가운데 다녀왔다. 노선생은 그후 우리 교회에서 여러 해 동안 성실히 잘 봉사하다가 다른 곳으로 임지를 옮겼다.

그런데 최근에 우리 교회 여자 집사가 내게 이런 말을 했다. ─그는 내가 전도사 시절부터 신앙생활을 지도해온 학생으로 서울에서 태어났고, 서울에서 성장했고, 이제는 결혼해서 살고 있는 그런 보통 사람이었다.─ 하루는 그가 직장생활을 하고 있는 직장의 전무가 부르더니 "그만두라."

고 하더란다. 그러면서 묻기를 "고향이 어디냐?" 해서 "서울입니다. 아버지 고향은 예천이구요." 그러자 그는 "아, 예천!" 그러더니 계속해서 근무하라고 태도가 돌변하더라고 하였다.

그러더니 며칠이 지나고 다시 묻기를 "남편의 고향이 어디냐?"고 물어 전주라고 했더니 안 되겠다고 고개를 갸웃거리더라는 거였다. 그 말을 끝낸 후 그 여자 집사는 이렇게 말했다. "웃겨요 목사님, 웃기잖아요! 도대체 남편의 고향과 직장이 무슨 상관이 있다고." 하면서 허탈하게 웃어댔다. 그 집사와 나는 한동안 소리 내어 웃고 있었다.

2015년도 한국크리스천문학가협회 여름 세미나는 보기 드물게 성황을 이루었다. 세미나의 주제가 '표절'로 현실감이 있어서도 그랬지만 무엇보다도 한국교회에서 존경받는 목회자 중의 한 분이신 신성○ 목사님과 좌장으로 세미나 주제를 이끌어 가시는 김봉○ 교수님의 해박한 식견 때문인 것을 아무도 부인할 수 없으리라. 그런데 세미나 발표를 하시던 신목사님은 말미에 이런 말을 했다.

"과거 신학대학 재직 시 후임 총장을 뽑는데 정교수인 나를 후보자에서 빼고 내 밑에 있던 조교수인 P를 총장으로 뽑았는데 이유는 그가 경상도 출신이었기 때문이었습니다. 나는 충청도 출신이기 때문에 배제되었습니다."라고 말했다. "더더구나 그는 가박임에도 불구하고 지역 때문에 된 것이요, 이것이 현재 우리가 살고 있는 사회요, 한국교회의 민낯입니다."라고 덧붙여 말했다.

아니, 이럴 수가……? 나를 위시해서 그 자리에 참석했던 모든 사람들은 다 귀를 의심하였다. 제발 사실이 아니기를! 그러나 그것은 사실이었다. 좌장을 맡은 김교수님도 난감한 표정을 지으면서 이중환의 택리지를 읽어보라고 권했다. 이중환의 택리지에는 "영남과 평안도만 칭찬하고 나머지는 다 부정적으로 기술했다."는 말도 덧붙였다.

사실, 이중환 그는 원래 충청도 공주 사람으로 외가가 전북 고창이지만 평생 호남과 평안도는 한 번도 가 본 일이 없고 살아 본 일도 없다. 이는 그가 쓴 택리지 복거총론에서 스스로 밝히고 있는 부분이다. 그런 그가 왜 그런 말을 했으며 그런 공신력 없는 잡기雜記를 썼는지 모른다. 당쟁 때문에 본인이 피해를 봤는지 아니면 개인적으로 조상 죽인 원수가 살았던 곳이어서 그랬는지 이유는 모른다.

우리는 좁은 땅에서 살고 있다. 미국이나 중국의 백분의 일, 브라질의 팔십오분의 일, 그리고 가까운 일본은 말할 필요도 없고 동남아 국가인 필리핀이나 베트남보다 인구도 적고 국토도 역시 작다. 그런 와중에서 민족 이동이 빈번했다. 흉년이나 잦은 오랑캐의 침범 때문이었다. 따라서 서로 뒤섞여 사는 일이 많았다.

영남에 터를 두고 살던 사람이 몽고의 침입으로 호남으로 피란을 와 성씨의 본이 바뀐 경우도 있고, 반대로 호남에 뿌리를 두고 살다 함경도로 가 이북 사람이 된 경우도 있다. 전라북도 김제 금산사 밑에 있는 원평 마을은 세상이 개벽되면 도읍이 된다는 강증산의 말을 듣고 경상도 사람 삼천 명이 모여 사는 세칭 경상도 마을이 되었고, 정읍 산외면은 평사낙안平沙落雁이라 하여 일제 때부터 역시 경상도 사람들이 많이 거주하였다. 경북 차암면 금계촌은 십승지지十勝之地 중 하나로 이북에서 온 사람들이 절반 이상이 되고, 특별히 평북 박천이나, 영변이나, 개성 사람들이 들어와 인삼 농사를 시작하였다. 앞서 밝힌 대로 우리 교회 노선생의 선대는 전남에서 경남 합천으로 이주해와 자작일촌을 이룬 곳이기도 하다.

그동안의 행정구역도 여러 차례 변경되었다. 금산, 논산, 강경은 전라북도에서 충청남도로 변경되었고, 영동은 경북에서 충북으로, 울진은 강원도에서 경북으로, 제주도는 전라남도 제주군에서 자치도가 된 경우이다. 거주지가 바뀐다고 사람이 바뀌는 것인지 아니면 행정구역이 바뀌면 사람의 특성이 바뀐다는 말인지 도무지 종잡을 수 없다.

사람의 개개인의 문제를 집단으로 보고 주관적인 문제를 객관화시키고 지역 전체를 보편화시켜 폄하하는 일은 어디서부터 온 것일까. 상대를 비하하고 자신은 상대적인 우월감으로 높아지려는 정신과적 질병이 이미 심각한 상태인 것은 분명하지만 아무도 심각성을 깨닫고 있는 것 같지 않다. 심지어는 상대를 비하하기를 한쪽은 홍어로, 다른 한쪽은 과메기로 비하하여 욕을 쏟아내고 있으니 이 나라는 지역감정 때문에 애꿎은 물고기까지 욕을 먹고 있는 나라이다.

역사적으로는 왕건이나 이성계나 최근세의 군부 쿠데타 세력에 이르기까지 바른말로 저항하는 세력들을 억압하기 위해 지역 전체를 비하하고 정통성을 인정받지 못한 정권을 유지하기 위하여 바른말하는 세력을 폄하하며 인구 대비 국민 사이를 이간질시킨 것은 아니었는지 의심되는 부분이다. 그리고 여기에 철없는 국민들이 부화뇌동함으로 시작되지는 않았는지. 아무튼, 그건 그렇다 치더라도 구원받은 하나님의 백성들이 모인 교회에서까지 세상 사람들과 조금도 다를 바가 없으니 문제다.

한국 교회는 신앙의 우선순위를 모른 듯하다. 동서간에 항아리에 금가듯 금이 가 있는데 남북통일을 위해서 기도하자고 하고, 눈에 보이는 형제를 미워하면서 아프리카의 고통받는 형제들을 위해서 선교 헌금을 드리자고 하니 말이다. 대단한 눈속임이요 기만이다. 이는 마치 겉으로는 동일한 하나님의 자녀라 하면서도 내심 기도할 때는 나는 저 세리나 죄인들과 같지 않다던 바리새인의 외식이 아니고 무엇이랴.

말하는 것은 하나님의 자녀인 것 같으나 하는 짓을 보면 하나님의 자녀 같질 않다. 철저한 지역적 편가르기와 교만한 우월주의는 풍수도참설을 가르친 중 도선의 자녀거나 묏자리 잡는 지관의 제자에 더 가깝다.

성경에도 지역감정이 있었다. 유대와 사마리아의 경우이다. 사마리아 성전이 왜 생겼는가 하는 역사적 근거는 차치하고라도 서로 상종도 하지 않고 살았으니 말이다. 아무튼 두 개의 성전을 세워놓고 서로 정통성을 주장하였으며, 유대인들은 사마리아인을 혼혈이라 하여 비하하고 사마리아로 향하는 길도 가지 않았다.

우물가 사마리아 여인이 바로 예수님을 만났을 때 이 문제를 예수님께 물었다. 어느 쪽이 정통이며 어느 장소에서 예배를 드려야 하나님이 기뻐하시는가를. 예수님의 대답이 분명 둘 중 하나가 될 거라 생각했지만 그 생각은 빗나갔다. 예수님은 둘 중 하나를 선택하신 것이 아니라 둘 다 아니었다. 그리고 말씀하셨다. "이곳에서도 말고 저곳에서도 말고 하나님은 영이시니 예배하는 자가 진정과 신령으로 예배할지니라."였다. 이 말은 어떤 지역이나 장소가 중요한 것이 아니라는 말씀이었다. 어디서 예배를 드리든지 하나님께 진정과 신령으로 드리라는 말씀이셨다.

성경의 가르침은 사랑이다. 원수도 사랑하고 핍박하는 자를 위해서 기도하라는 가르침이다. 그런데 원수가 아닌 믿음의 형제들을 미워하고 있는 것이다. 한 번 만나 보지도 않은 생면부지의 사람을, 살아본 일도 없고, 한번 대화를 해 본 일도 없는 형제들을 지역적 편견만을 가지고 대하며 사람을 비하하고 있다. 경건의 모양은 있지만 경건의 능력을 부인하는 자들이요 구원과는 상관없는 불의한 종자

들임이 분명하다.

우리 조상은 요동반도에 살았던 소호금천씨족이었다. 한반도에서는 그 뿌리가 경상남도 김해로부터 출발한다. 고려시대에는 개성에서 살았지만 이성계가 위화도 회군으로 정권을 찬탈하고 조선을 세우자 1392년 두문동 70인처럼 7형제가 흩어져 각 도에 은거했는데 그중 한 분이 호남에 정착했다.

나는 호남에서 공직자이신 아버지를 따라 여기저기 전학하며 학교를 다니다가 서울에 거주한 지 오십 년의 세월이 지났다.

도대체 거주지를 옮길 때마다 사람의 형질이 변하는 것인지 아니면 고향이 한 번 정해지면 자자대대손손 영구불변하는 것인지, 그것도 아니면 필요할 때만 고향을 언급하는 것인지 알 수 없는 일이다. 혹자는 제 땅에서 나는 식물과 환경에 영향을 받는다고도 하지만 지금처럼 반나절 생활권에 유무상통하고 외국농산물이 홍수처럼 쏟아져 들어오는 마당에 과연 맞기나 한 말인가.

또한 냉난방 시설이 완벽한 천편일률적인 아파트에서 사는 세상에 어슨이나 맞는 말인가. 참으로 이상한 풍향계의 나라다. 정치를 해도 취직을 해도 사업을 해도 개인별 능력보다는 동서남북 방향이 맞아야 하고, 사람을 채용해도 방향을 보고 채용하며, 진급을 해도 방향이 맞아야 하고, 결혼을 해도 방향을 보고 하며 선량選良을 뽑는 일도 방향으로 결정하는 웃지 못할 나라다.

이렇게 작은 나라를 더 작게 세분하는 능력 때문에 아이티 강국이 되었는지 아니면 아이티 강국이 되다 보니 사람들이 좀생이가 되었는지 알 수 없는 일이다. 도대체 이 나라 성씨 중에 고대로부터 중국과 연관되지 않은 성씨가 얼마나 되며, 가까운 일본이나 여진이나 흉노나, 거란과 상관되지 않는 사람이 몇이나 되는가.

그 밖에 인도나 몽고나 아라비아나 네덜란드나 베트남의 피가 섞인 것을 알고나 있는 것일까. 호남을 본으로 하는 성씨를 어찌 피할 수 있으며 영남을 본으로 하는 성씨를 벗어나 어찌 살 수 있으랴. 그럼에도 몰지각한 사람들이 너무 많다. 인터넷에 떠도는 글들을 보라. 서로 간 얼굴도 모르는 사람들끼리 주고받는 악의에 찬 비방의 글들을!

분명 천사의 짓이 아닌 것만은 확실하다. 한심하다는 생각뿐이다. 더더구나 이런 일이 세상의 빛이 되고 소금이 되어야 할 교회에서 버젓이 행해지고 있으니 문제다. 교회가 본이 되어야 하는데 본이 되지 못하고 예언자적 사명을 감당해야 하는데 예언자적 사명도 팽개친 지 오래다. 아니, 그보다 오히려 세상 뒤꽁무니나 따라다니기에 급급하며 뒷북이나 치고 있으니 더 무슨 말이 필요하랴.

제발 정신들 좀 차렸으면 좋겠다. 제 족보도 모르고 조상선영에 침 뱉는 짓은 이제 그만두었으면 좋겠다.

개와 인간

인류 역사 이래 개보다 더 인간과 밀접한 관계를 유지하는 동물은 없을 것이다.

왜 모든 동물 중 개와 인간이 뗄 수 없는 끈끈한 유대 관계를 가지고 있는가에 대해서 한마디로 말하는 것은 쉽지 않다. 개가 지닌 친화력이라든지, 생활의 조력자로서의 가치라든지, 아니면 인간을 보호하는 본능이라든지 아니면 또 다른 여타의 이유 때문일 것이다.

아무튼 고대로부터 집을 지키고, 사냥을 하고, 양떼를 치고, 도적을 막고, 극지방에서는 썰매를 끌어 에스키모인들에게는 교통수단이 되기도 하고, 눈 덮인 알프스에서는 인명 구조 활동도 하는 것을 보면 그 효용 가치를 일일이 다 열거할 필요가 없을 듯싶다.

그러나 이렇게 충직하게 인간의 조력자로서의 역할을 함에도 개만큼 욕을 먹고 사는 짐승도 드물 것이다. 땀 흘린 대가로 돌아온 것은 욕이나 비하의 말뿐이니 말이다. 우리는 흔히 정통성을 인정받지 못한 과일에 '개' 자를 붙인다. 개살구, 개복숭아, 개다래, 개똥참외라 하고, 풀들도 하찮은 것이면 개망초, 개밥풀, 개똥쑥으로 전기한 '개' 자가 들어간다.

그뿐 아니라, 떡도 맛이 없고 하찮은 떡을 개떡, 천박한 철학을 개똥철학, 말 같지 않은 소리를 개소리, 지겨운 소리의 연속을 개나발, 얕은꾀를 부리는 것을 개수작, 아무것도 없다는 표현을 할 때 개뿔도 없다 하고, 망신 중에서도 아주 심한 망신을 개망신, 아무 의미 없는 죽음을 개죽음이라 한다. 그뿐 아니라 겉만 번지르르하고 실속 없는 것을 빛 좋은 개살구라 하고, 신빙성 없는 꿈을 노루 잠자다 개꿈 꾸었다 하고, 무자비한 구타를 복날 개 패듯 한다 하고, 초라하고 청승맞은 모습을 초상집에 개로, 볼썽사나운 싸움을 진흙탕의 개싸움으로 비유한다. 더 나아가 아무런 관심도 받지 못하는 처지를 빗대어 개밥에 도토리로, 분한分限 없는 낭비를 미친년 개밥 퍼주듯 한다고 하고, 저급한 시각을 개눈에는 똥만 보인다로 말한다. 간이 밥상으로 쓰는 마치소반을 개다리소반이라 하고, 부질없이 떠들며 쓸데없는 험담을 하는 사람에게는 달을 보고 짖는 개쯤으로 말하는데, 결국은 사람은 늙으면 개 된다는 속담으로 끝나게 된다.

이 정도면 도대체 어디서부터 이런 말들이 비롯되었는지 알고 싶겠지만, 그러나 사람들이 무의식적으로 쓰고는 있지만 어디서 비롯되었는지 아무도 모를 일이다. 물론 그것뿐 아니라 개에 대한 불행은 이런 욕이나 비하가 아니라 환경을 인위적으로 강제하는 데서 오는 불행이다. 그것은 밖에서 살아야 할 환경을 인간들이 안으로 끌어들인 데서 오는 불행과 혼란스러움이다. 이는 인간의 조력자로서의 개가 아니라 인간의 욕구충족을 위한 취미나 여흥의 대상으로서 또 다른 역할이기 때문이다. 물론 이를 긍정적으로 보는 사람들은 '개 팔자가 사람 팔자보다 낫다'고 할지도 모르지만 밖에서 자유롭게 살 권리를 박탈당한 채 사람들의 오락과 욕구충족의 대상으로서 끌어들이다 보니 아파트에서 짖는 소리가 나지 않도록 성대결절 수술을 해야 하고, 새끼를 낳지 못하도록 중성화 수술을 해야 하며, 털을 깎고 인간처럼 옷을 입어야 하며, 신발을 신고 칫솔질을 해야 하며, 출산을 해도 사람처럼 제왕절개 수술을 하게 되고, 인간처럼 성인병인 고혈압이나 당뇨가 생기고, 비만으로 관절염이 생기고, 그것을 치료하기 위해서 침을 맞고, 한방 뜸을 뜨고 물리치료를 받으며, 우울증에 걸려 정신과 치료를 받아야 하는 일이 생기는 것이다.

그뿐 아니라 인간의 욕망을 위하여 복서와 도베르만은 어렸을 때부터 꼬리를 자르고 귀를 자르는데 이는 투견으로서 긴 꼬리나 큰 귀가 거추장스럽기 때문이다. 그리고 평생 싸움만을 위해서 존재한다. 닥스훈트는 오소리나 토끼 사냥을 위해서 체격이 작고 다리가 짧은 기형적인 모습으로 만들어졌으며, 도사견 역시 인간 투쟁의 본능적 욕구를 충족시키기 위해서 인위적으로 개량되었고 평생 투견장에 갇혀 싸움을 함으로 존재할 뿐이다. 그러나 그마저 주인의 관심을 받지 못하거나 키우다 싫증이 나면 쥐도 새도 모르게 버림을 받거나 팔려나가거나 유기견으로서의 생을 마치게 된다.

개는 밖에서 자라야 개도 행복하고 사람도 행복한 것 아닌가. 만약 개가 말을 할 줄 안다면 인간의 이기심과 독선에 대해서 어떻게 말할 것인지 궁금하다. 모든 만물을 다스리라는 조물주의 명령은 다른 생명체를 아무렇게나 학대해도 된다는 것인지 아니면 사랑으로 공생하라는 것인지에 대답해야 한다.

술이 취해 아무 곳에나 오줌을 누는 주정뱅이와 훈련을 받아 우주 비행선을 탄 개 중 누가 더 존재 가치가 있으며, 군무를 이탈하여 동료를 살상하는 탈영병과 죽음으로써 제 임무를 완수하는 군용견 중 어느 편이 더 훌륭한가.

이태리에는 '피도의 개'라는 개의 동상이 있다. 이 동상은 어느 날 물에 빠져 죽게 된 것을 구해 준 주인의 은혜를 잊지 못하여 평생 주인을 기다리다 죽은 개를 추모하기 위해서 세워진 것이다.

때는 바야흐로 2차 세계 대전. 버스를 타고 퇴근하던 주인은 버스가 폭격을 당하는 바람에 그만 죽고 말았다. 그것을 알 턱이 없는 개는 평소에 하던 대로 퇴근하는 주인을 버스 정류장에서 기다렸지만 주인이 오지 않자 그 자리에서 눈비를 맞아가며 13년을 기다리다가 죽었다. ―물론 그동안 이를 불쌍히 여긴 사람들이 먹을 것을 갖다 주었지만— 개가 죽은 후 사람들은 이를 가상히 여겨 그곳에 개의 동상을 세우게 된 것이다.

물론 이런 이야기는 우리나라에도 있다. 전라북도 임실군 오수면에 있는 '오수의 개'에 대한 이야기다. 잔칫집에 갔다 오는 길에 술이 취해 잠든 주인에게 들불이 번지지 않도록 자기 몸을 물에 적셔 뒹굴기를 수십 차례. 결국 주인을 구하고 자신은 죽었다는 내용이다. 고려시대 최자가 쓴 보한집에 수록된 이야기다.

최근에는 진도군 의신면 돈지리에서 대전으로 팔려나간 백구가 7개월 만에 자기 집을 찾아와 온 국민에게 애잔한 감동을 주고 있다. 십여 년 전 내가 진도에 갔을 때 마을 사람들은 지금은 그 백구가 죽고 백구가 낳은 딸이 살고 있노라고 전해 주었다.

그 외에도 개에 대한 감동적인 이야기는 끝이 없다. 이쯤 되고 보면 인간이 개에게 배워야 할 것인가, 아니면 개가 인간에게 배워야 할 것인가 생각해야 한다. 자기에게 베풀어준 작은 은혜를 평생 잊지 못하여 죽도록 충성하는데 하늘 같은 은혜를 받았으면서도 배신을 밥 먹듯 하는 인간 군상들과 누가 더 나은가? 개인가 사람인가.

더더구나 목회를 하다 보면 허다한 배신으로 밤잠을 이루지 못할 때가 많다. 우리가 아무 거리낌 없이 하는 말 가운데 '개 같다'느니 '개보다 못하다느니' 하는 말을 이제는 막 해도 되는 것인가 이쯤에서 심사숙고할 때가 된 것 같다.

아버지의 형상

나의 아버지께서는 81세를 향수하셨다.

사람의 나고 감이 어찌 신비롭지 않을까만 태어나시길 음력으로 8월 15일이니 추석날에 태어나셨고 새 천년을 한 해 보내신 후 2002년 1월 1일 1시에 소천하셨으니 사람의 눈에는 특별하고 기이하게 보일지도 모르지만 아버지의 생애는 특별한 것도 아니고 기이했던 것도 아니고 성실과 정직으로 일관된 삶이셨다.

천석꾼의 아들로 태어나 일찍이 서울로 유학하여 경신고등학교를 졸업하셨고 졸업 후 일본 유학을 가셨지만, 먼저 동경에 유학 와 있던 동경치과 전문학교에 다니던 삼촌이 작은할머니 소생(삼대 조부님)이라는 울분을 조카인 아버지에게 쏟아내 행패를 부리고 때린다는 소식을 전해 들은 할머니의 엄명으로 중도에 유학을 포기하고 귀국하셨다.

귀국 후 아버지는 어머니와 결혼하셨고 슬하에 4남 2녀를 두셨다. 당시만 해도 고향에는 농토가 많고 살림살이가 풍성해서 생활이 넉넉하고 식객도 많았다. 아버지는 한때 신문사에도 근무하셨고 경찰서에도 근무하셨지만 공무원에 뜻을 둔 것이 아니라 그로 인해 병역을 대신했던 것으로 보인다.

아무튼 내가 초등학교에 들어가기 전 우리 가족은 광주 사동에 있는 최 부잣집 앞에서 살았는데 사동 집은 L자형 기와집이었고 앞에는 작은 화단이 있었으며 화단에는 붓꽃이나 봉숭아, 연필나무 그리고 다알리아 등이 있었다.

집 안으로 들어가면 여름에 주로 상추나 토마토를 심은 작은 텃밭이 있었고, 우물은 앞집에 사는 일중이네 집과 같이 썼는데 앞뒷집의 울타리 경계가 우물 중간을 가로질러 가기 때문에 물을 길으면서 어머니는 앞집 사람들과 대화도 나누곤 하셨다. 그때 나는 나무판자 울타리 틈으로 대화를 나누던 신기한 광경과 알 수 없는 이야기를 엿듣곤 했다.

집 뒤에는 사람이 살지 않고 울타리만 쳐져 있었는데 감나무 밭이 있었다. 그래서 판자 울타리 틈으로 보이는 감꽃과 그리고 감꽃이 떨어지면서 맺힌 어린감과 어린감이 점점 커가는 모습과 여름 장마 때면 감나무에 떨어지는 빗줄기를 바라보면서 살았다. 초등학교에 들어가기 전 기억이 남아 있는 집이었다. 그후 우리는 몇 년 동안 살았던 광주를 떠나 영암으로 거주지를 옮기게 되었다. 혼자 계신 할머니 때문이었던 것 같았다. 아무튼 우리 식구들은 영암으로 이사하여 다시 새로운 생활을 시작하였다.

할머니가 돌아가신 것은 내가 초등학교에 들어가기 전

이니까 꽤 일찍 돌아가셨는데 할머니 연세 오십대 초반쯤
으로 기억된다. 풍성했던 우리 집 가세가 기울기 시작한
것은 이승만 박사의 토지개혁 때문이었다. 하루아침에 백
마지기를 제외한 모든 전답이 소작농들에게 돌아가 주인이
바뀌게 된 것이다. 당시 농사를 짓는 모든 사람들이 그러
하듯 우리 집은 농사일 외에는 딱히 할 일이 없었고, 대식
구들의 생활비가 만만치 않았던 것이다.

　우리 식구뿐만 아니라 서울 신당동에 큰 집을 가지고 살
던 작은아버지댁 식구들도 내려와 함께 살았다. 막내 작은
아버지는 고대 법대를 졸업한 후 고시공부에 오랫동안 매
달렸는데 주로 월출산 천황사에 머물면서 공부했고 아버지
는 그 뒷바라지를 하셨다. 아무튼 돈을 버는 사람은 없고
있는 돈 갖다 쓰는 사람들뿐이었다.

　겨울에는 뒷골방에 머슴들이 앉아 새끼를 꼬거나 용마
름을 틀거나 화투를 치고 막걸리를 사다 마시고 노래를 불
렀다. 그리고 머슴들의 흥얼거리는 노래 소리는 겨울바람
을 타고 앞마당까지 아득히 들려오곤 했다. 아버지는 농사
를 짓는다고는 하지만 손수 농사를 짓는 것은 아니고 머슴
들이 일하는 것을 감독하는 정도였다.

　집에는 제니스 진공관 라디오가 있었는데 나는 라디오
속에 사람이 들어 있다고 라디오 뒤를 몇 번씩이나 열어보
기도 했다. 한편에는 어머니가 쓰시던 싱거 재봉틀이 있었
고, 윗목에는 어머니가 시집올 때 외할아버지가 손수 만들

어 주셨다던 오동나무 장롱이 있었다. 집에는 오래된 잡지들이나 신문들이 있었다. 그것들은 대부분 일본말로 쓰인 책들이거나 아리랑이나 야담과 실화, 장화홍련전이나 숙영낭자전 그리고 정만서의 만화가 그려진 책들이었다. 그런데 그것들은 대부분 오래되어 누렇게 색이 바래 있었다. 아버지는 오래된 잡지를 다시 보거나 아니면 신문을 보거나 누워서 유행가를 불렀다.

아버지가 잘 부르시던 유행가는 '오늘도 해는 지고 눈보라는 날린다. 아득한 벌판 위에 누굴 찾아 헤매나'였다. 한 소절이 끝나면 다시 휘파람으로 한 소절을 불렀다. 그런데 그럴 때면 우연의 일치였는지 모르지만 무료한 겨울 해가 지고 바람을 타고 눈발이 휘날리기도 하였다.

머리맡에는 항상 검은 옥으로 만든 호랑이를 두고 주무셨는데 그렇게 하면 재수가 있다고 말씀하셨다. 아버지의 유일한 친구는 읍내에서 떨어진 군서면에 사는 '음포'라는 호를 가진 분이셨다. 안경을 낀 그분은 가끔 나타나서 "호암." 하고 아버지의 호를 부르면서 찾아오셨고 아버지는 유행가를 부르다 말고 "아, 음포."하면서 반색을 하며 일어나 나가셨다. 그러나 특별한 일은 아니고 한참을 두 분이서 이야기를 하다가 헤어지곤 하셨다. 허물없는 사이라고 생각되었다.

무료하고 변화 없는 시골 생활에 변화가 찾아온 것은 아버지 연세 삼십대 중반쯤으로 생각되었다. 아버지 학창시절 친구 김정섭씨라는 분이 경찰서장으로 부임하게 된 것이다. 그분은 전라북도 부안 출신으로 서울에서 경신고등학교를 다닐 때 아버지와 한 책상에 나란히 앉아서 학창시절을 보내던 단짝 친구였다. 그런데 그분이 시골 경찰서장이 되어 부임한 것이다. 아버지 생활에 돌연 활기가 돌게 된 것은 당연지사. 그분은 아버지에게 특별한 소일거리가 없고 농사에만 매달리는 것을 보고 정부미 대행 사업을 한번 해보라 권유했고 아버지는 그 말대로 사업을 시작했다.

그러나 어찌된 일인지 사업이 제대로 풀리지 않았던 것 같다. 매일 인부들 품삯으로 나가는 돈을 감당할 수 없어 얼마 남아 있지 않던 농지마저 빚으로 넘어가 버리고 말았다. 그리고 빚쟁이들이 들어와 제니스 라디오도 가져갔고 어머니가 애지중지하던 싱거 재봉틀도 가지고 가버렸다. 어머니는 두고두고 그것을 서운해하셨다. 시간이 지나자 아버지 친구 분은 타지로 전근되었다. 그리고 아버지 역시 그 친구 분의 주선으로 공직생활을 시작하신 것이다. 영광에서였다.

결국 우리 집은 아버지 직장 때문에 이향을 하게 되었으니 이성계의 정권찬탈에 반대하여 1392년 두문동 70인처럼 낙향했던 낙향조가 향리에 정착한 이후 567년 만이었다. 이후 부친께서는 여기저기 전근을 다니셨는데 대략 기억나는 곳으로는 영광 외에 광주, 목포, 나주, 강진 등이었으며 이후 공직생활로 평생을 보내셨다. 아버지는 세무

공무원으로 생활을 하셨지만 너무 올곧아 생활은 힘들었고 제때에 등록금을 내지 못했던 형제들의 이름이 학교 게시판에 자주 게시되기도 하였다. 그러나 아버지는 정직했고 천성이 모질지 못하고 여러 남의 어려움을 그냥 넘기지 못하셨다.

한번은 평소보다 늦게 퇴근하셨는데 집에 오셔서 장탄식을 하셨다. 내용인즉슨, 시골에 나가 어느 농가에 밀주가 있는 것을 발견하고 단속을 하려는데 늙은 할머니가 죽은 남편 제사 때 쓰려고 한 것이라면서 눈물을 흘리며 애원하는 바람에 그만 발길을 돌렸다고 했다. 그런데 그 사실을 이웃에 사는 사람이 밀주를 봐주었다고 투서를 하는 바람에 문제가 되어 해명을 하고 왔노라고 하면서 사람 사는 세상이 그렇게 비정해야 되겠느냐고 말씀하셨다. 눈이 붉었다. 술을 한잔 하신 것 같았다. 아버지는 그 문제로 오히려 정직함이 드러났고 후에 공직생활 중 비리 없는 공직자에 선정되어 진급을 하셨다.

아무튼 고향을 떠나 생활은 어려웠고 힘들었다. 매년 도시의 골목길에서 골목길로 이사를 다녔다. 아버지도 식구들의 생계를 걸머진 고생을 감당하시기 힘드셨을 것이다. 날마다 관내 지역을 돌면서 근무하셨다. 어느 땐가는 차가 끊겨 눈길 30리를 걸어서 왔노라고 말씀하셨다. 그리고 퇴근 후 부르튼 발에 약을 바르시기도 했다. 신앙생활에 깊이 경도되지는 못하고 교회를 그냥 나가시는 정도였지만 기독교 신앙의 기본이 사랑이라는 것은 잘 알고 계셨다.

전기한 바와 같이 젊어서 동경 유학을 갔을 때 먼저 와 있던 삼촌에게 맞아 한쪽 귀의 고막을 다쳤지만 삼촌에 대한 원망이나 불평을 하신 일이 없었다. 내가 한 마디라도 분을 참지 못하고 말참견을 하면 나를 나무라셨다. 오히려 삼촌은 훌륭한 분이며 젊었을 때는 마라톤도 잘하셨고 공부도 잘하셨단 이야기만 하셨다. 예의도 각별했다. 내가 군대 입대할 때나 휴가 갔을 때나 제대할 때도 꼭 할아버지에게 인사해야 한다며 할아버지가 있는 치과병원에 데리고 가 인사를 시키시곤 하셨다. 더욱이 신학을 공부하고 목회자가 되는 것을 기뻐하시지는 않았으나 반대하지 않고 어려운 가운데 입학금을 마련해 주셨다.

누구나 다 그러겠지만 요즈음은 길을 가다 아버지와 비슷한 모습을 한 사람을 만나면 문득 아버지 생각에 발걸음을 멈추고 뒤를 돌아보기도 한다. 또 이제 아버지처럼 염색도 하고 돋보기안경을 쓸 나이가 되어 그러는 걸까, 아버지 생각으로 골똘히 시간을 보낼 때도 많다.

어느 형제들이건 다 아버지 쪽과 어머니 어느 한 분을 더 닮듯이 우리 형제들도 어머니 쪽을 더 닮은 형제가 있고 아버지 쪽을 더 닮은 형제가 있는데 나는 어머니 쪽이라고 늘 생각해 왔다. 우리 집 내력을 알 만한 사람들도 다 그렇게 말했다. 성격이나, 말하는 것이나 외모 등등.

그런데 어느 핸가 금식으로 살이 빠졌을 때 거울에 비춰

본 내 모습에는 작고하신 아버지의 얼굴이 나타나 있었다. 내 안에 아버지의 형상이 살아 있었다니! 그것은 놀라움을 지나 경이로운 발견이었다. 돌아가신 지 오래 되어 기억에서조차 까마득한데. 아버지는 돌아가신 것이 아니라 지금까지 나와 함께하신 것이다.

천년 그리움으로 떠 있는 섬

2019년 8월 5일 1판 1쇄 인쇄
2019년 8월 8일 1판 1쇄 발행

지은이 김봉군 박영교 박종구 김지원
편 집 이영규
펴낸이 심혁창
펴낸곳 도서출판 한글

우편 04116
서울특별시 마포구 신촌로 270(아현동)
수창빌딩 903호

☎ 02-363-0301 / FAX 362-8635
E-mail : simsazang@hanmail.net
창   업 1980. 2. 20.
이전신고 제2018-000182

* 파본은 교환해 드립니다
* 정가 13,000원

ISBN 97889-7073-563-4-03130